Claudette Portelli
Matteo Papantuono

LAS NUEVAS ADICCIONES

Reconocerlas, entenderlas y superarlas

Traducción de
Manuel Cuesta

Herder

Título original: Le nuove dipendenze
Traducción: Manuel Cuesta
Diseño de la cubierta: Melina Agostini

ISBN: 978-84-254-4834-8

Imprenta: QP Print
Depósito legal: B-12716-2025
Printed in Spain - Impreso en España

Herder
www.herdereditorial.com

ÍNDICE

Con estima y en recuerdo del décimo aniversario de la muerte de Paul Watzlawick, genio y fundador, junto con nuestro maestro Giorgio Nardone, de la escuela de Terapia Breve Estratégica, que lleva treinta años dedicada al cuidado del hombre, realizando importantes contribuciones en todas las ciencias humanas.

PRÓLOGO

El término *adicción* es ciertamente uno de los más usados –con propiedad o no– tanto en el lenguaje médico-psicológico, como en el habla cotidiana. A dicha palabra se asocian, en efecto, toda una serie de problemáticas muy distintas entre sí, pero que tienen en común el hecho de convertir al sujeto en un *esclavo consciente* del abuso de algo.

Existen grandes diferencias, cómo no, entre la ingesta excesiva de alimentos y la de sustancias psicotrópicas, o entre el uso de sustancias y las compras compulsivas; o bien entre autolesionarse y estar continuamente mirando el perfil de Facebook. Cabe asimismo distinguir entre, de un lado, compulsiones que se vuelven irrefrenables –pudiendo llegar a transformarse en perversiones– y, de otro lado, el uso (y el abuso) de sustancias o de medios tecnológicos. Hasta el punto, de hecho, de que ambas tipologías de trastorno requieren enfoques terapéuticos muy distintos; y no se debe olvidar nunca que *son las soluciones las que explican los problemas* que son capaces de resolver. Así y todo, precisamente porque existe –tanto en la literatura especializada, como en el sentido común– este solapamiento que induce a confusión, es un gran mérito de los dos autores del presente libro utilizar dicho solapamiento como una puerta de acceso privilegiada para tratar las numerosas patologías modernas que se adscriben a la categoría de las «adicciones», acotando con claridad, mediante los correspondientes ejemplos de tratamiento terapéutico, las diferencias que dichas patologías presentan en sus respectivas estructuraciones en cuanto trastornos, y en sus distintas formas de terapia.

Gracias a este brillante recurso expositivo, Claudette Portelli y Matteo Papantuono presentan, de manera nítida y clara –también al gran público–, las características de la formación, de la persistencia y del cambio terapéutico de todas las formas modernas de trastorno adictivo.

Me produce, por último, una alegría especial escribir este prólogo porque ambos autores son brillantes discípulos míos. Claudette es, además, una docente de renombre internacional de nuestra Escuela de Psicoterapia Breve Estratégica, así como la responsable de otros importantes textos que han sido traducidos a numerosas lenguas. Por todo lo cual, aconsejo vivamente la lectura de este libro tanto al gran público, como al especialista del gremio. Estoy seguro de que resultará gratamente enriquecedora a ambas tipologías de lector.

Prof. Giorgio Nardone
Centro de Terapia Estratégica,
Arezzo

1. EL HOMBRE ACTUAL, ESCLAVO DE SUS ADICCIONES

La riqueza más grande reside en bastarse a uno mismo.
EPICURO

Introducción. Las nuevas adicciones

«Las adicciones son las nuevas servidumbres de las que el hombre es esclavo». Lo afirmó el papa Francisco durante uno de los actos del Jubileo. Aunque el papa se estuviera refiriendo a la nueva oleada inmensa de sustancias psicotrópicas, parece que el abanico de posibles adicciones del hombre actual se ha ampliado y mucho. Luigi Janiri[1] afirma que las adicciones se han multiplicado (Dusi, 2007). A las adicciones tradicionales –que, como ahora veremos, también han evolucionado–, se añaden otras nuevas: tecnológicas, sexuales, lúdicas, sociales, estéticas, profesionales, etcétera.

A diferencia de lo que sucede con las adicciones tradicionales –que hoy están socialmente estigmatizadas–, probablemente no se haya cobrado aún plena conciencia de lo peligroso de las nuevas adicciones que el avance tecnológico alimenta.

1 Director del hospital de día para las drogodependencias del Policlínico Gemelli de Roma.

De ahí que pasen más desapercibidas y puedan afectar, inesperadamente, a la persona más segura de sí misma.

Si tenemos tendencia a abusar, todos podemos, siguiendo el mismo proceso aunque partamos de puntos diferentes, convertirnos en adictos.

Cuando la criatura pasa a controlar a su creador

La tecnología, y de modo particular internet, indudablemente está facilitando las cosas al hombre en distintos ámbitos de su vida: el laboral, el comunicativo, el educativo, el afectivo, etcétera. Hoy en día, con un clic –o con un *touch*– podemos comprar cualquier cosa que deseemos, reservar un viaje exótico, probar suerte en el juego, consultar una enciclopedia digital, crearnos nuestro propio trabajo, exhibir nuestros talentos, encontrar el amor y *resolver* nuestros problemas. Y todo eso puede hacerse en cualquier parte y a cualquier hora; basta un ordenador, un *smartphone* o una tableta. Menuda maravilla... Pero ¿qué pasa cuando son nuestras propias criaturas quienes toman el control? Corremos el riesgo de acabar como en la película futurista *Yo, robot,* donde la máquina, el humanoide, pasa a controlar a quienes lo han creado.

Pero volvamos la vista atrás. Desde los tiempos más remotos, el *modus operandi* del hombre ha consistido en inventar, en descubrir, en intentar amoldarse; cosa que ha hecho adaptando, donde resultaba posible, el entorno a sus exigencias hasta acabar viviendo en el mundo que conocemos: no retrocediendo al encontrar dificultades, sino, de hecho, en ocasiones precisamente gracias a ellas, superándolas con sagacidad e ingenio. Se encarga de proveer cuanto resulta útil para sobrevivir, para tener una vida más confortable y segura. Los desafíos y los obstáculos se superan, desde siempre, reflexionando sobre las experiencias –sobre los errores– y mediante la autocorrección, fijándose en los modelos existentes en la naturaleza y, algunas veces, gracias al azar. Quien viene después, hereda (para bien y para mal). Luego deja, a su vez, lo que había heredado, pero con el añadido de algo más que anteriormente no existía. Es la vida, es el progreso... En un primer momento, lo que se inventa está reservado a una élite restringidísima que experimenta con ello y lo perfecciona. En una segunda fase, el invento en cuestión pasa a ser un bien de lujo para unos pocos (representa lo superfluo.) Después llega la difusión a gran escala. En ese punto se produce un salto cualitativo: el mencionado invento, aun siendo algo de lo que en rigor se puede prescindir, empieza a considerarse indispensable y, en poco tiempo, pasa a serlo realmente. El hombre en ese sentido se convierte, como decían los antiguos romanos, en *homo faber ipsius fortunae,* es decir, en el artífice de su propio destino. La opulencia, en lugar de abrir a nuevos horizontes, parece que al final nos hace menos libres, menos capaces, más necesitados y dependientes.

En nombre del progreso, el ser humano termina convirtiéndose, paradójicamente, en esclavo de sus construcciones. Así ha sido siempre y así sigue siendo hoy. A finales del siglo XIX, el aligeramiento del trabajo físico en las industrias y en la agricultura, además de dañar el entorno en el cual vivimos, hizo, en efecto, que el hombre dependiera ya no solo de un patrón, sino también de las máquinas. Algo parecido está ocurriendo con la tecnología informática. El vasto y capilar proceso de informatización facilita las comunicaciones y el acceso al conocimiento, elimina distancias y fronteras permitiendo que interactúen –y se hagan amigas– incluso personas situadas en lugares muy alejados, ofrece ventajas de cara al libre mercado con las compras por internet y reduce el gasto de espacio, materiales y tiempo necesarios para la labor de archivo, quedando, además, accesibles los documentos a través de un simple clic.

La otra cara de la moneda son los problemas a corto y largo plazo. La vista cansada y el dolor de cabeza –porque casi nadie se aleja de la pantalla pasado el cuarto de hora que recomiendan los médicos–, ese desapego emocional y esa confusión de sentimientos a los que da lugar la posibilidad de comunicarse a distancia con desconocidos a los que se considera amigos, y ese aumento de la confusión y esas dudas que experimenta quien busca certezas, son algunos de los problemas que surgen de manera inmediata. Ya más a la larga, el hombre pasa a ser un siervo de la tecnología. Abundan, en efecto, las noticias de sucesos que ponen de manifiesto los peligros y el estado de sometimiento al que es posible llegar abusando de los medios tecnológicos.

En la actualidad, sin embargo, uno no existe si no está en la web. La realidad virtual aplasta a la real. Se depende de los «me gusta», de los «amigos», del número de seguidores y de los *you win* («tú ganas») para sentir que se está a la altura, para sentir que se está en forma y que se es un campeón, etcétera. La gente arriesga la vida por un selfi; existe, para cada cosa, la correspondiente aplicación que facilita el acceso a la red; sin recurrir a los motores de búsqueda, da la impresión de que se puede hacer bien poco. Las funciones de la mente están cayendo en el olvido y está cundiendo la ineptitud. La tecnología, lejos de representar un complemento de la mente, se ha convertido en una suerte de prótesis que la ha reemplazado. También a ello se debe el grado cada vez mayor de impaciencia, exhibicionismo, alienación, desconsuelo, obsesión y dependencia.

La tecnología se nos va de las manos. Uso, abuso y adicción

Todas las adicciones siguen el mismo esquema: haciendo un uso excesivo, se produce la pérdida del control, es decir, el abuso. Y el abuso, si continúa repitiéndose, termina, con el tiempo, llevando a la adicción. Esta secuencia también rige para la adicción a la útil tecnología.

Están surgiendo, y están proliferando a una velocidad pasmosa, patologías como la ciberadicción o adicción a internet (en adelante, IAD por su nombre inglés, *Internet Addiction Disorder)*, la adicción al cibersexo, la adicción a la sobrecarga informativa, la apuesta por internet, la cibercondría... Al principio, lo normal es que aquello de lo que se dispone se *use* de modo consciente, potencie las habilidades y sea una forma de sentirse por encima de otros. Las ventajas resultan, en efecto, en un primer momento innegables: la tarea en cuestión se realiza antes y mejor. Un uso prolongado, sin embargo –que se hace incluso cuando no sería necesario–, se convierte en *abuso*.[2] La reiteración influye en las destrezas y aumenta la sensación de incapacidad, de manera que la desventaja crece con el intento de reducirla. La consecuencia es un sentimiento de fracaso. La quimera de que se ejerce un control sobre la *fuente de la satisfacción* a la que se recurre alimenta y hace mayor la necesidad en cuestión, así como la ardiente exigencia de satisfacerla. El *hacer más que antes* es una solución aparente, falsa, porque abre una vía que lleva al riesgo de la *adicción*. Es importante poner de relieve que no todas las personas que utilizan la tecnología terminan siendo siempre dependientes de ella. El mayor peligro lo corren quienes recurren a ella excesivamente y no logran

2 Paolo Rigliano (2004), en *Piaceri drogati,* hace una distinción entre uso, abuso y adicción en las drogodependencias.

contenerse ni siquiera cuando podrían renunciar a usarla. Como suele decirse, «el que juega con fuego se quema».

	USO	ABUSO	ADICCIÓN
CONSUMO	Controlado y limitado.	Impropio y excesivo. El control disminuye.	Abuso prolongado. Pérdida del control. Enredo de aspectos personales y de aquello que se usa.
PERCEPCIÓN	«Cuando me apetece, uso [equis]».	«Uso [equis] incluso cuando podría evitarlo».	«No consigo renunciar a [equis]».

La construcción de los autoengaños disfuncionales

En uno de sus numerosos aforismos, Schopenhauer (2004) recuerda que «el necio corre detrás de los placeres de la vida y se descubre engañado. El sabio evita los males». Sabemos que el ser humano tiene la capacidad de crearse autoengaños para justificar lo que hace. El insigne biólogo Robert Trivers (2013) declara en su libro *La insensatez de los necios* que somos todos unos perfectos mentirosos, porque mentimos a los demás y nos mentimos a nosotros mismos. Este estudioso define el autoengaño como un mecanismo que ha sobrevivido a la evolución, y que proporciona al hombre una sensación de control. Los autoengaños acercan nuestro modelo consolidado de percepción y reacción de la realidad a la realidad misma (Mordazzi y Milanese, 2011). Nos creamos autoengaños –aunque sea de manera inconsciente– para volver más aceptable y coherente la realidad, que en ocasiones podría resultar desagradable. Nadie quiere sufrir y/o tenerse en poca estima a sí mismo. Y, en atención a eso, los artificios mentales nos permiten autoconvencernos e inventarnos la realidad que más conveniente nos parezca (Watzlawick, 2005), aun si es a costa de mistificarla o de crear una realidad paralela y de signo contrario a la efectiva.

Un célebre ejemplo de autoengaño es el que refiere Esopo en la fábula de *La zorra y las uvas*. Brevemente: el astuto animal se quería comer unas uvas que habían crecido en unas parras altas; probó a saltar varias veces para cogerlas, pero, no consiguiendo alcanzarlas, se marchó diciéndose: «¡Bah! Estaban verdes». Es decir, la zorra, para justificar su incapacidad, para eludir el sentimiento de frustración y no enojarse, para acallar su necesidad de alimento, se autoengañó y prefirió creer que las uvas estaban verdes y que ella, en cualquier caso, no se las habría comido.

Las formas de autoengaño son, en general, benéficas; pero, si se ejercen de un modo no consciente, repetido y exacerbado, pasan a ser negativas y contraproducentes. Con otras palabras: lo que podía ser funcional –servir a un fin–, si se reitera, se enrigidece y produce efectos contrarios a los deseados. Quienes adoptan esa clase de patrones de interacción construyen esa clase de autoengaños. A continuación presentamos algunos de los autoengaños que con más frecuencia adoptan las personas que viven atrapadas en una adicción.

- *Lo hacen todos.* Actualmente, el primer autoengaño compartido a nivel social es la imposibilidad de prescindir del *smartphone,* del ordenador y/o de la tableta, que la persona supuestamente necesita para no quedarse fuera de juego y aislada; es obligatorio tener un perfil de Facebook y *pronunciarse* en X; hay una serie de aplicaciones que hace falta tener, sí o sí, para no quedarse atrás. A quien no tiene lo último en tecnología lo asalta una sensación de extravío, de incompletitud, de pérdida de control. El que no esté en la web no existe.

• *Inmediatez.* Vivimos en una sociedad frenética, científicamente avanzada, y la vida se afronta con el mismo frenesí. La construcción del autoengaño de que todo es posible de manera inmediata –un autoengaño que viene dado por la sensación de control– encuentra un terreno abonado en aquellos contextos educativos en que rige el apremio de atender, sin excepción, absolutamente todas las peticiones de los jóvenes. Tal actitud favorece, en estos últimos, la formación del autoengaño de que se puede lograr cualquier cosa en seguida, sin dilación y con poco esfuerzo (Nardone, 2008). Si no se tienen las destrezas necesarias, basta con encontrar al experto en el que delegar, o el remedio rápido y milagroso que hace todo posible, incluso que la persona se sienta distinta, como ella querría ser (Rigliano, 2004).

• *Incompetencia / Delegación.* La sensación de incompetencia es la otra cara del acto de delegar. La tendencia de los padres de los últimos tiempos a *amamantar* a los hijos hasta una edad tardía incapacita a los jóvenes para hacer frente incluso a las dificultades más sencillas. Estos jóvenes, criados por unos padres que con frecuencia han delegado su papel en el *smartphone,* en la tableta, en los llamados *smart games,* etcétera, crecen, cada vez más a menudo, con poca confianza en sí mismos y, cuando piensan que no están en condiciones de hacer algo, se dicen: «Mejor que se encarguen otros, alguien que sea más experto». Procediendo así, aumentan la incapacidad y el riesgo de adicción; se reacciona o bien no haciendo, o bien abandonando tras los primeros intentos (Nardone, Giannotti y Rocchi, 2003). *La ayuda que no es de ayuda* transmitirá, al mismo tiempo, dos mensajes. El primero, directo: «Lo hago porque te quiero». El otro, indirecto: «Lo hago porque tú no eres capaz».

• *Optimismo.* El pensamiento positivo es fundamental para sacar adelante los proyectos de vida que se tengan. El optimismo no realista, sin embargo, crea la secuencia *espejismo → decepción → depresión.* Esta actitud, que viene dada por el hecho de no estar en condiciones de percibir la realidad –o bien por una idea ilusoria de la misma–, incapacita a la persona para soportar y gestionar el fracaso. De ahí que, frente a este, el individuo reaccione ora con el enclaustramiento voluntario, ora retrepándose en lo que Baudelaire (2013) llama «paraísos artificiales». Como sostienen Nardone y Balbi (2018), al «optimismo irracional» es más útil contraponer el «realismo desengañado».

• *Perfección.* A quien le encandila, en cambio, la idea de la perfección experimenta una continua sensación de incapacidad, infelicidad y angustia, pues no logra ser como él quisiera. Vive en una búsqueda constante de aquello que suponga el último grito, de algo que pueda mejorarlo y hacerle sentir mejor, proporcionándole el espejismo de una conquista (temporal) de la perfección, de la optimización del cuerpo, de una potenciación de sus capacidades físicas y cognitivas. La perfección es un ideal y, por su propia naturaleza, algo inalcanzable. Giulio Cesare Vanini sostenía, ya en el Renacimiento, que la mayor perfección es la imperfección (véase Raimondi, 2010).

• *Trasgresión.* Desde siempre –ya desde Adán y Eva–, el ser humano tiende al fruto prohibido y/o se lo crea. Las prohibiciones y los vetos son, en cierto sentido, invitaciones a transgredir. Tener la valentía de desafiar las costumbres, las normas, los modos de hacer que impiden el desarrollo, constituye para los adolescentes que sueñan con el cambio una actitud funcional. Transgredir les permite diferenciarse, expresar su unicidad, adquirir autonomía. El gusto por lo prohibido –que hace de la transgresión un placer– puede transformar, sin embargo, este último en un riesgo y en una peligrosa compulsión que se puede convertir, a su vez, en una adicción. Y, si esto último se verifica, la transgresión pierde su elemento agradable; no obstante lo cual, sigue dominando y subyugando. Muchas son las formas de transgresión posibles. La más simple –y de la que más se abusa– consiste en salirse de la norma de la mayoría para adherirse, de manera más o menos consciente, a la de una minoría. La persona cree que es libre, única, inconformista, alternativa, distinta de la masa... y termina sencillamente acatando otras reglas.

• *Comodidad.* Una vida fácil, desahogada y sin virtud convierte a la persona en esclava del ocio, que es el padre de los vicios; la vuelve maleducada y egoísta, le incentiva los malos pensamientos, la daña. En la antigua China, los sabios se dieron cuenta de esta verdad. Di Jing Lian (2009) escribe: «Para los antiguos, la comodidad era un vaso de vino envenenado y perseguir la riqueza, una desgracia». Hoy, sin embargo, la filosofía de vida prevalente es otra: una que tiende a hacer percibir la comodidad –que se convierte en sinónimo de éxito, de lujo, de bienestar– como felicidad. Y eso ha llevado a la generalización del consumismo compulsivo.

• *Conciencia.* Término que deriva de la preposición *con* unida al sustantivo *ciencia* en el sentido de *conocimiento*. Se trata, por tanto, de un saber de calidad –si bien en modestas cantidades– el cual produce, como decía Schopenhauer (2004), mucho más que el muchísimo saber de mala calidad. Experimentando en primera persona la paradoja socrática del «saber que no se sabe», se descubren oportunidades antes ignoradas. Por ejemplo, con la conciencia de la muerte se puede apreciar la vida, mientras que, con la conciencia del riesgo, la persona se vuelve audaz; descubrir nuestros propios límites nos capacita, y, sabiendo lo que se siente, se comprende a los demás. El problema está –como ocurre a menudo– en los excesos. Cuando buscamos de manera obsesiva la conciencia –el ser conscientes– y caemos en un afán desmedido de saber, eso, lejos de hacernos crecer y darnos placer y libertad, nos bloquea. En el extremo opuesto está la ignorancia, que hoy se perdona menos que nunca; de ahí que mucha gente no consiga evitar encomendarse al oráculo digital. Creer que se puede saber todo, estar siempre al día, es un autoengaño que lleva al individuo a estrellarse contra la duda patológica. La mente asediada compromete la cantidad y la calidad del pensamiento. La duda es, en efecto –como dicen Nardone y De Santis (2012)–, tanto el motor del conocimiento, como el trampolín de la obsesión.

• *Belleza.* En *El idiota,* de Dostoyevski (1990), el príncipe Myshkin afirma que «la belleza salvará el mundo». Con tal mensaje, el autor se refiere a algo ambiguo que puede tanto salvar, como engañar. Observando lo que sucede en la actualidad, sin embargo, el ideal de la belleza es el credo en boga. Cunde el convencimiento de que ser guapo y estar en forma –o parecerlo– representa un plus. Se oye a menudo decir que «la belleza abre puertas» y son muchos, en efecto, quienes en aras del deseo de una vida fácil persiguen el mito de la perfección y de la eterna juventud. El más mínimo signo de merma, fealdad o vejez da pavor. El hombre actual quiere, a toda costa, una belleza estatuaria, un *físico bestial.*

• *Novedad.* Es el autoengaño creado para hacer frente al tedio. Creyendo estar en la cresta de la ola e ir un paso por delante; creyéndose dispuesta, activa y creativa, la persona termina llegando al mismo punto de partida, donde la espera un nuevo estado de esclavitud más opresivo que el anterior. Schopenhauer (2004) sugiere rendirse ante la idea de que «la vida humana es como un péndulo que oscila incesantemente entre el tedio y el dolor, con intervalos fugaces –y en general ilusorios– de placer y alegría».

Estos que nosotros hemos identificado son, como decíamos, solamente algunos autoengaños. Es decir, que no nos hacemos ilusiones en el sentido de que no puede haber otros. Como decía Gandhi (véase Antonelli, 2015), «la propensión del hombre a engañarse a sí mismo es inmensamente superior a su capacidad de engañar al prójimo».

La búsqueda del placer. Del deseo a la adicción

Friedrich Nietzsche (1977) sostiene: «Sin placer, no hay vida; la lucha por el placer es la lucha por la vida». El hombre, desde que nace, busca y se orienta hacia aquello que lo atrae y le da placer. Cuando el placer se convierte en una necesidad avasalladora, cabe avanzar la hipótesis de una adicción, es decir, de la enfermedad del placer por antonomasia. El tránsito desde un placer sano al placer dictado por la adicción tiene lugar cuando el deseo se convierte en una *fijación* que limita y/o echa a perder el pensamiento funcional y la «realidad de los hechos» o de «primer orden» (Watzlawick, 2005). Si se siente placer porque ya no se siente el sufrimiento, si el placer se experimenta después de ingerir una sustancia o realizar determinados actos, si la persona ya no puede pasar sin repetir la experiencia gratificante, ¿sigue teniendo sentido en tales casos hablar de placer? Todos, aunque en distintos niveles, dependemos de algo. La diferencia entre la persona sana y la que sufre una dependencia patológica reside en el control y en la capacidad de renuncia, capacidad que es difícil que ejerza quien ha sucumbido a la adicción. El individuo sano siente la necesidad de aquello que le satisface, pero es capaz de renunciar a ello (aunque a veces le suponga sufrimiento o dificultad). El otro siente, en cambio, que el objeto o la acción en cuestión son irrenunciables; hasta el punto de reconocer: «No sé vivir sin [equis]». Otra diferencia sustancial entre quien tiene una adicción y un individuo sano es el *síndrome de abstinencia,*[3] es decir, el síntoma físico y comportamental que se manifiesta cuando no se puede satisfacer la necesidad que sea el caso. La abstinencia prolongada lleva a la persona que sufre una adicción a perder el control. Experimentando malestar, la activación no se produce para buscar el placer, sino para sentirse mejor y satisfacer la necesidad compulsiva.

¿Priorizamos el porqué de la dependencia o el cómo hacerse *independiente?*

Las personas que viven los efectos de los comportamientos sintomáticos de la adicción se dirigen al terapeuta –a menudo pide ayuda quien vive los efectos indirectos de este problema-patología– porque no han conseguido cambiar ellas solas. Sufren por la situación que viven o por sus propios comportamientos, emociones y pensamientos.

En estos casos, buscar el *porqué* del problema es arriesgado, teniendo en cuenta que no existe una única causa, sino una infinidad de causas, y que igualmente infinita resultaría la investigación de estas. En ese sentido, la búsqueda del *porqué* se convierte en algo limitador para la persona que quiere volver a la normalidad. Por no hablar de que, cuando la persona que se encuentra bloqueada identifica la causa de su bloqueo en *otra persona,* el riesgo de quedarse en un estado de inmanencia aumenta desmesuradamente. El paciente puede sentirse eximido de su responsabilidad si cree que lo que vive depende de

3 Existen dos tipos: el psicológico y el físico. El primero es el deseo obsesivo *(craving)*; se manifiesta con ansiedad, irritabilidad, depresión, malestar mental. El segundo provoca cansancio muscular, vómitos, diarrea, taquicardia, temblor y, en ciertos casos, convulsiones.

otros. La identificación de causas externas, además de representar una coartada para el paciente –que está retenido en el estado patológico da las resistencias *normales* que caracterizan todos los problemas comportamentales y psicológicos–, se convierte en una coartada también para el terapeuta, quien debe situar en el paciente –que normalmente pide ayuda al experto cuando ya ha probado él solo y ha visto que no podía y/o no lograba hacer las cosas de manera diferente– los límites y las responsabilidades de los objetivos no alcanzados. En estos casos, sin embargo, lo normal es que el terapeuta resuelva su problema diciendo que el caso irresoluto es «resistente», y/o llegando a la conclusión de que el problema no podrá superarse sino cuando el paciente haya conseguido «resolver sus conflictos interiores con [equis]».

Cuando el objetivo es, por el contrario, identificar *cómo* funciona y *cómo* se puede cambiar la situación de malestar de un sujeto, de una pareja o de una familia, se produce un salto desde los contenidos hacia los procesos: se trata de saber *cómo hacer,* y no tanto de saber *por qué.*

La teoría del cambio (Nardone y Watzlawick, 2007), que traslada el eje epistemológico desde la búsqueda del *porqué* a la búsqueda del *cómo,* es una teoría radicalmente distinta de las clásicas concepciones psicológicas y psiquiátricas. La diferencia viene dada por el hecho de que, en términos de procedimientos y de procesualidad, la terapia se convierte en el fruto de la aplicación clínica de los principios matemáticos de la teoría de los *tipos lógicos* (Whitehead y Russell, 1910-1913), de la *teoría de sistemas* y de la moderna *cibernética* (Wiener, 1948; Bateson, 1972 y von Foerster, 1974), y se basa en concepciones de *causalidad circular,* de *retroacción* entre causa y efecto, y en el principio de *discontinuidad* del cambio y del crecimiento. Las patologías se originan, según Nardone (2004), con los intentos de solución. Se crean, en efecto, porque se aplican rígidamente soluciones que han funcionado con anterioridad. Lo que en un momento dado constituye una buena solución para un problema puede convertirse, sin embargo, en una pésima solución si se aplica en un momento diferente, del mismo modo que un comportamiento que sí que resulta adecuado en determinada situación puede resultar completamente inadecuado en otra situación parecida a la primera. Un intento de solución que no funciona, si se reitera, no resuelve el problema en cuestión, sino que lo complica. Por ejemplo, la persona adicta suele intentar resolver las situaciones recurriendo a algo/alguien, pero es preciosamente eso a lo que se recurre lo que incrementa las dificultades y complica la situación.

Se parte del convencimiento de que el trastorno psíquico y comportamental viene determinado por la percepción que el sujeto tiene de la realidad, es decir, por el punto de observación del sujeto, un punto de observación que hace que el sujeto perciba –o, mejor dicho, construya– una realidad ante la cual él reacciona con un comportamiento disfuncional o –como suele decirse– «psicopatológico», esto es, con la mejor reacción que el sujeto cree que puede ejercer ante determinada situación.

RESUMIENDO

→ Las nuevas adicciones se han multiplicado con el *avance tecnológico.*

→ Corremos el riesgo de *perder el control* y convertirnos en esclavos de nuestras propias criaturas.

→ El *uso* de la tecnología se está convirtiendo en un *abuso* que, en muchos casos, crea una *adicción.*

→ Los *autoengaños* justifican aquello que hacemos aunque nos hagan daño.

→ Cuando la búsqueda del placer se convierte en una *compulsión,* se pierde el libre albedrío.

→ Con la terapia estratégica se produce un salto desde los contenidos hacia los procesos: se trata de saber *cómo hacer,* y no tanto de saber *por qué.*

→ Las patologías se crean porque se aplican rígidamente soluciones que han funcionado con anterioridad; de hecho, el comportamiento disfuncional a menudo es la mejor reacción que el sujeto cree que puede ejercer ante determinada situación.

2. TODO CON UN CLIC. LA ADICCIÓN A INTERNET Y A LOS DISPOSITIVOS MÓVILES

La espera atenúa las pasiones mediocres y aumenta las más grandes.
FRANÇOIS DE LA ROCHEFOUCAULD

La película *Perfectos desconocidos* (2016) representa los tiempos del *smartphone*. Muestra a la gente siempre conectada: incluso en la mesa, incluso en presencia de esos mismos amigos de la red. Es como si la comunicación con la herramienta comunicativa –prescindiendo del interlocutor– tuviese prioridad sobre la comunicación con la persona que se tiene delante. Paolo Genovese, el director del filme, en una entrevista, declaró que, «en general, las ideas para una película me llegan mientras observo lo que sucede a mi alrededor; y basta escuchar las historias que cuentan los amigos, o leer la prensa, para darse cuenta de la importancia del móvil, que se ha convertido en la caja negra de nuestra vida» (Fusco, 2015).

Atrapados en la red. La adicción a internet

Son innegables los beneficios que internet ofrece a nuestra sociedad (Abachi y Mhammad, 2013): es fundamental, en algunos casos, para un rendimiento escolar satisfactorio (Nalwa y Anand, 2003); pone en contacto a las personas y permite conocer a gente nueva (Chou, 2001); se considera un instrumento importante para el crecimiento cultural y personal.

Kraut y otros colegas suyos investigadores (1998) de la Universidad Carnegie Mellon llaman la atención sobre el hecho de que nunca ha habido tantos medios de comunicación como actualmente. Mirando alrededor, sin embargo, da la impresión de estar, cada vez más, en un mundo de personas aisladas, encerradas en su propio caparazón. Caminando por la calle, diríase que se está rodeado de autómatas que se sientan a la misma mesa sin hablar y sin mirarse, con la cabeza gacha y la vista fija en la *caja negra* que tienen entre las manos. Son algunos de los efectos de la tecnología...

¿Eso es comunicación?

Tratando el tema con el ingeniero informático Maurizio Naldini –experto en nuevas tecnologías–, surgió el enfoque de que al *Homo sapiens* es como si le faltaran las capacidades necesarias para gestionar la tecnología que él mismo ha inventado, de que es como si la tecnología, al evolucionar con demasiada rapidez, ya no estuviese hecha «a la medida del hombre» y se nos hubiera «ido de las manos». Como sostiene Kraut (1998), en ocasiones se crea la paradoja de que una comunicatividad excesiva lleva a la incomunicabilidad. Internet, un instrumento diseñado para conectar a las personas, parece que en realidad está desconectándolas, alejándolas de sus familias y de sus amigos. Quien abusa de la red se aísla hasta el extremo de sufrir soledad y depresión.

Cuando se prefieren las redes sociales a las personas reales, cuando no se consigue refrenar el impulso de mirar el correo electrónico, Facebook o los mensajes de WhatsApp, se puede empezar a hablar de *ciberadicción* o *adicción a internet,* en adelante

IAD por su nombre inglés de *Internet Addiction Disorder,* término acuñado en 1995 por Ivan Goldberg. Desde entonces hasta hoy, no ha dejado de crecer el número de publicaciones y estudios sobre este fenómeno.

El de IAD es un término más bien laxo que cubre una amplia variedad de comportamientos relativos a la falta de control del afán de entrar en la red. La investigadora Kimberly Young (1996), pionera en este ámbito, identifica cinco tipos de IAD:

- adicción al cibersexo
- adicción a las relaciones virtuales
- *net gaming* (apuestas en línea)
- adicción al *information overloading* (sobrecarga cognitiva)
- adicción a los videojuegos

Estas y otras adicciones las trataremos en los próximos capítulos.

¿Cómo se vuelve alguien adicto a internet?

Internet no pone ningún límite al impulso, de ahí que pueda fácilmente sustraerse al control del sujeto, convirtiéndose en una auténtica compulsión que impone sus propias reglas hasta esclavizar a la persona. Como antes indicábamos, los *usuarios,* es decir, las personas que se limitan, cuando empiezan, a navegar por el mundo infinito de la red, descubriendo sus posibilidades –las compras por internet, la inversión en bolsa, los juegos de azar, el material pornográfico, la infinidad de informaciones que ofrecen las enciclopedias en línea, etcétera–, podrían verse desbordados y perder el control. La eventualidad de que un internauta deje de ser un usuario de la red y pase a *abusar* de ella tiene que ver con la *fácil accesibilidad* (es posible conectarse en cualquier sitio), con la *factibilidad* (basta con el móvil) y con el *anonimato* (no se tiene la sensación de estar siendo juzgado). Y el internauta que abusa de la herramienta puede transformarse a su vez en un *adicto,* esto es, en un sujeto dependiente.

Eso no significa, por supuesto, que *usar* internet conlleve necesariamente terminar *abusando* de él y volverse *adicto.* Hay personas capaces de controlarse y que, poniéndose límites, consiguen utilizar la herramienta sin convertirse en sus esclavos. Mucha gente habrá tenido la experiencia de pasar conectada a la red incluso un tiempo significativo, pero eso no quiere decir ser adicto. Las personas que son capaces de marcarse límites y de renunciar voluntariamente a seguir conectadas para hacer otra cosa no son adictas a internet. Internet, en sí mismo, no invalida a la persona y/o no condiciona la existencia de quien logra mantener bajo control la herramienta. En tales casos no hay riesgo de síndrome de abstinencia. Para dejar debidamente clara esta cuestión, vamos ahora a ilustrar la diferencia entre el uso, el abuso y la adicción a la tecnología.

La obsesión por los dispositivos móviles

Smartphone es sinónimo de accesibilidad, comodidad e inmediatez. Gracias a las múltiples aplicaciones, con el *smartphone* pasa a ser fácil, práctico, inmediato y gratuito acceder al banco, a las redes sociales, al entrenador personal, al dietista, al turoperador, a los grupos de WhatsApp, a la Wikipedia, al médico, etcétera. Como sostiene el investigador Francisco Alonso-Fernández (1996), el *smartphone* de manera particular *propicia las nuevas formas de adicción.* El *smartphone* y la tableta son dispositivos portátiles o móviles (calco del inglés *mobile* o *portable devices)* que permiten satisfacer la «necesidad de red» en cualquier momento y lugar (Cagnoni y Nardone, 2003). Además, sus reducidas dimensiones hacen de ellos herramientas capaces de dar salida a las compulsiones en situaciones de todo tipo (Bianchi y Phillips, 2005; Takao, Takahashi y Kitamura, 2009). Como se trata de aparatos *handy* –es decir, que están al alcance de la mano–, conectarse es más fácil. Mucha gente reconoce que utiliza el *smartphone* también cuando no debería: mientras conduce, en reuniones de trabajo, viendo una actuación de sus hijos en el colegio, mientras se ducha e incluso mientras vive una relación de intimidad sexual.

Hay personas que reconocen que sufren *nomofobia,* es decir, un miedo irracional a no tener un teléfono móvil o a quedar desconectadas. Basta, en efecto, que el *smartphone* se les apague o se les desconecte –por quedarse sin batería, por no haber cobertura, etcétera– para entrar en pánico; o bien les entra ansiedad y aumenta su nivel de estrés si no hay conexión (por ejemplo, por estar en un vuelo).

¿Cuánto tiempo habría que pasar conectado para no hacerse adicto?

Según un estudio del Pew Research Centre,[1] los estadounidenses pasan una media de casi tres horas y media al día con el *smartphone* (mirando el correo electrónico y las redes sociales, viendo vídeos y accediendo a aplicaciones o a la red). Como antes decíamos, hay multitud de estudios sobre las nuevas tecnologías, sobre internet y sobre los efectos de ambas cosas en el hombre, pero

1 El Pew Research Centre, con sede en Washington, es un centro de investigación sobre problemas sociales, opinión pública y evoluciones demográficas que no adopta posiciones políticas.

ninguno de ellos establece a partir de qué límite de tiempo pasa a ser peligroso –en términos tanto de cantidad, como de frecuencia– el acceso a los dispositivos, como tampoco cuáles serían las maneras correctas de usarlos de modo que no supongan un peligro para la salud. Es decir, que existen respuestas científicamente consensuadas para quien pregunta: «¿También es adicto alguien que usa mucho internet –o el dispositivo que sea– por el tipo de trabajo que realiza? ¿Y alguien que lo usa para llevar a cabo investigaciones? ¿Y alguien que se conecta para conversar con la familia cuando se encuentra lejos?».

Desde nuestro punto de vista, pasar mucho tiempo en internet puede representar un problema cuando la persona se priva, hasta anularse, de las cosas que le gustaban; cuando lo virtual termina invalidando o menoscabando lo real; cuando ya no se consigue hacer las cosas de otro modo; cuando, para seguir conectados a la red, el sujeto desatiende actividades laborales, relaciones importantes y se desatiende a sí mismo. Más concretamente, podemos decir que nos hallamos ante un caso de IAD si la persona en cuestión prefiere, por ejemplo, quedarse en casa para seguir jugando en vez de salir con los amigos o quedar con sus allegados; si esa persona ignora a quien está a su alrededor para ponerse, en su lugar, a actualizar su perfil de Facebook o a consultar otros sitios web; si, cuando llega cualquier notificación, dicha persona no logra reprimir el impulso de mirar de qué se trata aunque, haciéndolo, se ponga en peligro (porque esté al volante, o bien efectuando alguna operación delicada, etcétera).

Parecen objetos inofensivos, pero el proceso de adicción al *smartphone* y a internet es idéntico al de otras adicciones como pueden ser las provocadas por las drogas o el alcohol. La lógica y las reacciones neuroquímicas que llevan al estado patológico son exactamente las mismas, ya que la expectativa de recibir este mensaje o de enviar aquella foto, o de conocer determinada noticia apenas se haya producido, etcétera, genera un estado de excitación que da lugar a la liberación de dopamina, es decir, del neurotransmisor del cual depende el humor, el estado anímico. La satisfacción del estímulo reconforta, exactamente igual que sucede con el uso de drogas y alcohol. Con la reiteración de los mismos comportamientos, se va adquiriendo una tolerancia cada vez mayor y lo que antes proporcionaba placer se va haciendo insuficiente, por lo que ya no se experimentan los mismos efectos si no se aumenta la dosis (en este caso, la exposición a internet). Se va haciendo cada vez mayor la necesidad que hay que satisfacer si se quieren evitar síntomas desagradables.

Indicadores de la adicción al *smartphone*

Hoy sería extraño y limitador no utilizar un dispositivo portátil o un *smartphone*. Se trata de herramientas que han pasado a formar parte de nuestro día a día, sin las cuales quedaríamos excluidos y nos resultaría más difícil estar al día y ser capaces de aprovechar algunas oportunidades. No cabe duda de que es también gracias a estos artilugios como logramos mantener el ritmo y evitar retrasos que resultarían imperdonables.

Es necesario, sin embargo, impedir –como en cualquier otro ámbito– que el abuso termine imponiéndose. Ahora bien, si eso ocurre, ¿cómo podríamos detectarlo? Se puede hablar de adicción al *smartphone* –o a un dispositivo móvil– cuando la persona evidencia:

• *Problemas para completar actividades y avanzar en ellas* porque malgasta una gran cantidad de tiempo con el *smartphone* jugando, chateando, buscando informaciones, viendo vídeos, mirando el correo electrónico, etcétera. Con mucha frecuencia el sujeto, *perdiéndose* en el mundo virtual, desatiende las actividades cotidianas. Le sucede, cada vez más a menudo, que, por usar el teléfono, incurre en pequeños accidentes (olvidarse la colada en la lavadora, llegar tarde, olvidarse de cosas, quemar la cena, etcétera). En ocasiones, sin embargo, los accidentes pueden llegar a ser graves o incluso mortales.

• *Aislamiento frente a la familia y los amigos* porque la persona prefiere pasar más tiempo conectada con las tecnologías que no con sus seres queridos. El adicto al *smartphone* termina perdiendo de vista lo que dicen o hacen los demás porque él necesita estar mirando todo el tiempo los mensajes que recibe, actualizar su perfil de Facebook, publicar un tuit, colgar un selfi, etcétera. Muchos son los cónyuges –pero también los hijos– que se quejan de su pareja o de su progenitor. Se oye decir: «Papá está siempre con el móvil», «Nunca me escucha», «Es como si no estuviese...». En tales casos, el medio de comunicación limita la comunicación. La persona, haciendo un uso exagerado de dicho medio, se aleja de quien está cerca de ella con la justificación de *acercarse* a quien se encuentra lejos; se aísla. Este modo de actuar se basa en una serie de autoengaños –por ejemplo: «No puedo no contestar», «¿Y qué pasa si dicen algo importante en el grupo?», «Como no actualice mi perfil, me quedo fuera», «Si no me actualizo, pierdo posibilidades», etcétera–, los cuales contribuyen a construir esa necesidad compulsiva de andar mirando siempre el dispositivo. Poco a poco se van restringiendo tanto el campo de acción, como la comunicación. El individuo termina autoaprisionándose hasta hacerse esclavo de un objeto que pasa a ser el que manda en los comportamientos y en el estado emocional de él.

• *Sensaciones de terror, ansiedad o pánico*. Son, en efecto, otros tantos elementos que pueden ayudar a entender si la relación que una persona tiene con la tecnología es sana o si se está patologizando. Por ejemplo, si el sujeto se ha olvidado el *smartphone* en casa –o si se produce un mal funcionamiento del dispositivo o queda limitado, por la razón que sea, el uso del mismo–, pero él continúa desarrollando sus actividades sin caer en la ansiedad ni en la fijación, entonces no hay motivo para preocuparse por ninguna adicción a estas herramientas. Si, por el contrario, en tales casos se pierde la calma y se cae en la ansiedad –buscando sin cesar el modo de remediar la falta del dispositivo–, nos hallamos ante indicios que conviene no desdeñar, ya que podrían ser señales de alarma, indicadores de que algo no va bien. Sería bueno, para la persona en cuestión, aumentar su nivel de tolerancia para con tales *olvidos,* los cuales de hecho podría resultar útil planificar...

Cuando la situación se ha ido de las manos y ya no se está en condiciones de autoconducirse, pasa a ser indispensable buscar ayuda especializada. Quien está enredado en las dinámicas que se crean alrededor de la condición de adicto –y en dicha condición misma– difícilmente logrará encontrar, en efecto, una salida de tal enredo él solo. Ahora veremos, sin embargo, que, siguiendo una terapia específica y focalizada, incluso el adicto puede recuperar el control en poco tiempo.

El caso de Pietro. Atrapado como un pez en la red

A nuestra clínica de psicoterapia de Ancona llegó Pietro, un muchacho de veintiún años cuya madre andaba preocupadísima. Estudiaba Medicina, pero llevaba más de un año sin presentarse a ningún examen y eso lo hacía sufrir. De hecho, ya desde las primeras preguntas quedó claro lo mucho que sus estudios le importaban. Era una de esas víctimas *atrapadas en la red*... Pietro pasaba, en efecto, más de doce horas al día en las redes sociales, jugando por internet, viendo vídeos en YouTube, *guasapeando* con los pocos amigos que tenía, etcétera. Desperdiciaba un tiempo precioso hasta acabar provocándose unos dolores de cabeza terribles que le impedían concentrarse en los libros. Él era consciente de que se estaba comportando como un adicto a internet y confesó que no lograba parar. De la mañana a la noche –y se iba a dormir tardísimo–, estaba jugando con el *smartphone.*

Su sueño era convertirse en médico sin fronteras, pero corría el riesgo de no terminar ni siquiera sus estudios si seguía así. Aquel sueño fue el anzuelo con el que agarrarlo, la motivación con la que intervenir en su adicción. Estábamos de acuerdo en la utilidad de la tecnología, por lo que no establecimos que a Pietro se le negara el móvil. Lo que hicimos fue, de hecho, programar juntos, considerando sus necesidades, qué uso haría de aquel dispositivo durante la jornada. Nuestra prescripción contemplaba la posibilidad de que él pasara conectado media hora –pero ni un minuto más, ni un minuto menos– cada tres horas. De ahí que, de manera precisa, a las nueve de la mañana, a las doce del mediodía, a las tres y a las seis de la tarde y a las nueve de la noche, Pietro tuviera que dejarlo todo para conectarse con su *smartphone.* Haciendo aquello estábamos *ritualizando el ritual.*

El objetivo terapéutico de tal maniobra consiste en poner orden en el desorden para hacer experimentar al paciente la posibilidad de retomar el control perdido. Además, cuando llegaba un SMS o cualquier otra notificación, Pietro tenía que posponer un cuarto de hora la visualización y/o la respuesta. Así aprendería, conforme al dicho de Napoleón –«Voy despacio porque tengo prisa»–, a gestionar su impulso y se ejercitaría en el *arte de la paciencia.* El siguiente paso fue hacer que desinstalase aquellas aplicaciones que le facilitaban el acceso a sitios y a algunas de sus actividades. Aumentando los trayectos y el tiempo de conexión se eliminaba la inmediatez.

Una vez alcanzado un mayor control sobre el dispositivo, invitamos al muchacho a apagar el teléfono en determinados momentos del día: durante la cena, durante el partido de fútbol, en el gimnasio, mientras jugaba con su hermano pequeño... Así se crearon momentos en los que la única conexión posible era con el mundo real.

A continuación nos centramos en hacer posible un regreso a los placeres sanos. Pietro había sido, hasta cierto punto de su vida, un *devorador* de cómics. Animándolo a redescubrir aquel interés, reducíamos el tiempo dedicado al *smartphone*. Haciendo eso, también estábamos limitando la exposición a la luz azul, que produce insomnio y un mayor cansancio psicofísico. El mero hecho de pasar las páginas, una tras otra, tiene un efecto hipnótico que ayuda conciliar el sueño. Eso permitió que Pietro recuperara tiempo para dedicárselo a sí mismo, al estudio y a sus intereses sanos. Él reconocía que en los últimos tiempos se había aislado mucho. La soledad lo empujaba a conectarse y a jugar, o a estar siempre mirando las redes sociales. Iba alejándose cada vez más de la vida real. Atrapado en su *smartphone,* desatendía las amistades, la lectura, el deporte, el instrumento que tocaba, etcétera. A lo largo del recorrido terapéutico fuimos revitalizando, una tras otra, todas sus antiguas pasiones, y allí donde fue posible se crearon otras nuevas. Pietro volvió a estudiar y a presentarse a exámenes, como era su deseo inicial. Además, redescubriendo sus placeres aprendió a disfrutar del bien más valioso: su tiempo. Al mismo tiempo empezó a abandonar aquellas prácticas mecánicas mientras se liberaba de las obsesiones construidas.

Antes de terminar del todo el recorrido, nos cercioramos de que quedaba perfectamente eliminado cualquier germen del problema. Aquello que le había pasado a Pietro tenía que convertirse en una enseñanza también para el resto de los miembros de su familia. Como en la película *Perfectos desconocidos,* se indicó a todos que, al menos durante las comidas, apartaran el móvil para poder disfrutar de ese momento de celebración.

RESUMIENDO

→ Con un *simple* clic –o con un *touch*–, se puede acceder al fantástico mundo de internet.

→ La ciberadicción o adicción a internet –IAD por su nombre inglés de *Internet Addiction Disorder*– cubre una amplia gama de comportamientos relativos a la *falta de control del impulso de entrar en la red.*

→ Cinco tipos de IAD: adicción al cibersexo, adicción a las relaciones virtuales, *net gaming* (apuestas en línea), adicción al *information overloading* (sobrecarga cognitiva) y adicción a los videojuegos.

→ Internet no pone ningún límite al impulso, de ahí que su utilización pueda fácilmente *sustraerse al control* del sujeto y convertirse en una auténtica *compulsión.*

→ Aumento del peligro: el *smartphone* y la tableta, al ser dispositivos portátiles, permiten satisfacer la *necesidad de red* donde quiera que surja.

→ La *nomofobia* es el miedo a no tener un teléfono móvil o a quedar desconectado.

→ El *smartphone,* que es sinónimo de accesibilidad, comodidad e inmediatez, *propicia las nuevas formas de adicción.*

→ Indicadores de la adicción al *smartphone:* problemas para completar actividades y avanzar en ellas; aislamiento frente a la familia y los amigos; sensaciones de terror, ansiedad o pánico derivados de la limitación del uso del dispositivo.

→ Siguiendo una terapia específica y focalizada, incluso el adicto puede recuperar el control en poco tiempo.

3. RELACIONES VIRTUALES Y ADICCIÓN AL CIBERSEXO

Canjearía toda mi tecnología por una tarde con Sócrates.
STEVE JOBS

Relaciones por internet. ¿La realidad es lo virtual o es lo virtual la realidad?

¿Hasta qué punto extremo vamos a dejar que lo virtual ocupe espacio en nuestras vidas? ¿También en la vida relacional-afectiva? La mayor parte de los usuarios de iPhone ya tienen de compañero a Siri. ¿Qué es Siri? Un formidable asistente vocal que permite a la persona *hablar* con su iPhone –pero también con su Mac, con su iPad y con su iPod Touch– y darle órdenes usando un lenguaje natural. Siri siempre está listo para responder a todas las preguntas y ayudar en cualquier dificultad: da indicaciones sobre cómo llegar a determinado sitio, elige el mejor restaurante de la zona, conoce las previsiones meteorológicas, envía mensajes, publica tuits o cuelga cosas en Facebook, prepara recordatorios, etcétera. Existe algo parecido también para Android: Google Now, el asistente personal de Google disponible para todos los terminales equipados con Android 4.1 o versiones superiores. Pero ¿qué pasaría si tales asistentes personales evolucionaran hasta convertirse en parejas virtuales?

Esa es la trama de la película *Her,* de Spike Jonze (2013), ambientada en un futuro hipotético no demasiado lejano del nuestro: en un estilizado Los Ángeles donde los hombres viven en estrecha simbiosis con ordenadores y teléfonos móviles, inmersos en una tecnología que ya es capaz de experimentar emociones y tener conciencia propia. Theodore, el protagonista, es un hombre tan sofisticado, como introvertido, que se gana la vida escribiendo cartas de amor para otros, oficio que ayudaría incluso al más alexitímico a expresar sus sentimientos. Precisamente él, que trabaja con historias de amor, ha dejado que se le vaya de las manos su propio matrimonio y se ha visto obligado a divorciarse de Catherine, que había sido su compañera desde la infancia. Solo, atormentado por la sensación de culpa y sin inspiración, Theodore se dejará convencer por un anuncio y se comprará OS1, un futurista sistema operativo, una auténtica inteligencia artificial. Así es como entra en escena Samantha, que lo acompañará en un viaje a través de sí mismo hasta el más noble de los sentimientos.

Cabría replicar: «No es más que una película». Lo cierto es que nuestro mundo va en esa dirección (y quizá ni siquiera nos damos cuenta). Tenemos más relaciones vía Facebook, Twitter, etcétera, que con personas reales. Es una realidad habitual que en el restaurante haya parejas que pasan su *velada romántica* diciéndose poco o nada, casi sin mirarse ni siquiera a los ojos. Están ahí, sentados, casi todo el tiempo con la cabeza baja mirando cada uno su *smartphone,* incluso cuando llega la comida. Pero estos, por lo menos, salen. Los hay que prefieren quedarse en casa chateando...

Parece que el progreso incentiva los contactos virtuales en detrimento de los reales. Resulta paradójico que, precisamente en la época en que la difusión de los medios de comunicación está en su cénit, las personas den la impresión de estar socialmente aisladas. Está ocurriendo como en *Her,* donde la presencia del OS1 Samantha favorece el aislamiento de Theodore frente a los demás y frente al mundo.

Especialmente para los jóvenes que crecen en contacto con las nuevas tecnologías, la distinción entre vida en línea y vida fuera de la red se ha vuelto verdaderamente mínima. Las actividades que jóvenes y no tan jóvenes llevan a cabo por internet o a través de los medios de comunicación tecnológicos a menudo tienen consecuencias también en el día a día. Pueden llegar a confundirse la vida de internet y la vida de fuera. A veces –como atestiguan varios sucesos reales de los que luego hablaremos–, la persona pierde completamente el control y deja de distinguir entre ambas realidades. Ocurre algo parecido (Arena, 2003) a lo que expresa Zhuangzi –también llamado Chuang Tzu, aprox. 369-286 a.C.– en el dilema onírico que le induce a dudar si es Zhuangzi quien está soñando que es una mariposa que vuela ligera y despreocupada, o si es la mariposa quien está soñando que es Zhuangzi. ¿Quién establece qué es el sueño –o lo virtual– y qué la realidad?

Amigos con un *touch*

Usar la tecnología y las distintas redes sociales es una oportunidad para tener y crear relaciones. Basta un clic o un *touch* para comunicarse con compañeros de trabajo, novios, parientes o amigos que estén en la otra punta del mundo. Como ocurre con cualquier otra cosa, esta útil herramienta también puede transformarse –parafraseando a Paracelso– en un peligroso veneno si se emplea en dosis excesivas. Abusar de tales medios de comunicación, utilizarlos –cuando podría evitarse hacerlo– solamente porque *es más fácil,* por ejemplo, para comunicarse con una persona que está cerca, pongamos a la vuelta de la esquina –o incluso con la persona que se tiene delante–, eso puede crear una adicción.

Las ventajas que la tecnología ofrece, si se utilizan de manera exagerada con regularidad, se convierten en comodidades a las que luego no se logra renunciar. Por otra parte, si no ejercitamos nuestra predisposición natural a la socialización cara a cara, esta termina atrofiándose. Y, si la exposición social disminuye, crecen la sensación de incapacidad y el miedo, porque la evitación lleva a evitar. Ese es el motivo de que tantos jóvenes, pero también adultos, pudiendo elegir prefieran las relaciones virtuales –en las cuales perciben un riesgo bajo o inexistente– sobre las relaciones reales, en las que toca implicarse más. En ocasiones, de hecho, la misma persona que cae en la ansiedad, empieza a balbucear y huye cuando se encuentra delante de alguien, en las redes sociales tal vez tenga éxito y miles de amigos y seguidores. Un mismo sujeto se convierte, ante la pantalla, en un tiburón y se vuelve totalmente distinto.

Quien tenga miedo a relacionarse con otras personas –también, y sobre todo, físicamente– propenderá a entablar, cada vez más, *amistades virtuales* y tendrá un deseo cada vez menor de amistades reales, llegando a hacerse dependiente de las primeras por carecer de las llamadas *soft skills* –literalmente «habilidades blandas»– que se requieren para construir relaciones. Internet –WhatsApp, las redes sociales, etcétera– en tales circunstancias deja de ser un apoyo con el que llegar antes y mejor a las relaciones reales. La red se convierte, antes bien, en el único lugar en el que son posibles las relaciones, ya que los vínculos reales son reemplazados sistemáticamente por los virtuales. Una utilización funcional de las relaciones por internet debería complementar –y no sustituir– la realidad. Por ejemplo, una vez concluido el horario escolar –o si se ha faltado a clase–, la persona se podría conectar para comunicarse con sus compañeros. Ahí las redes sociales se convertirían en una extensión de la relación, a la cual no estarían quitando tiempo ni siquiera en el caso de que fuera imposible el contacto directo; de hecho, estarían permitiendo la continuación del vínculo en cuestión y podrían convertirse en otra forma de consolidarlo. Las relaciones virtuales pueden constituir, en efecto, una oportunidad y un primer paso hacia las relaciones reales, si se tiene la capacidad debida y se aprovechan bien. Muy a menudo, sin embargo, no ocurre eso. El tipo de relación relámpago –«aquí te pillo, aquí te mato»– que ofrece la red aumenta las incapacidades del sujeto y/o lo incapacita, haciendo mayor su ilusión de control respecto a las relaciones, una ilusión que, en vivo, choca con la fisicidad del otro y de inmediato se disuelve. Esa es la principal razón de que las relaciones virtuales cristalicen con más facilidad, sustituyendo casi por completo, en ciertos casos, a las relaciones reales.

Los peligros de la «distancia de seguridad»

Las relaciones virtuales *ayudan* a mantener las distancias. Eso a veces es algo que se busca, sobre todo en las relaciones amorosas, donde quien se involucra teme el dolor de cuando se agota el sentimiento. La relación no directa o mediada, al limitar la exposición de los amantes, por una parte, reduce el dolor; por otra, reduce el placer que solamente la fisicidad puede dar. Se crea una zona de confort comparable a una jaula que protege a un alto precio. La libertad perdida se convierte en un sueño para quien no tiene el coraje de vivirla, o bien deja *in albis* a quien, por temor, se conforma con que se la cuenten (o a quien no la experimenta porque la desconoce). En cualquier caso, el riesgo es una pseudorrelación.

La adicción a lo virtual –que es posible con redes sociales como Facebook e Instagram, o con aplicaciones como X y WhatsApp– encuentra un terreno propicio cuando las personas y/o los amantes prefieren, por cualquier razón –trabajo, temores, otras relaciones, placeres, etcétera–, mantenerse distantes. Como en el dilema del puercoespín,[1] esas personas no se acercan la una a la otra para evitar herirse.

Da la impresión, además, de que esconderse detrás de una pantalla también vuelve a la gente más despiadada. Se dicen cosas que, cara a cara, nadie se atrevería a decir; resulta más fácil adoptar el papel del prepotente y del tirano. La distancia va mermando la humanidad hasta acabar con ella. Lo demuestra el experimento del psicólogo estadounidense Stanley Milgram:[2] el verdugo, aun oyendo los gritos suplicantes de la víctima, si no la veía, continuaba aplicándole descargas. La distancia que generan las nuevas tecnologías no permite percibir el dolor del otro, como atestiguan los abundantes casos de ciberacoso, un fenómeno en continuo crecimiento. A través de las nuevas tecnologías, el ciberacosador atemoriza, importuna, coloca en situaciones embarazosas, hace sentir mal o excluye a otras personas. Para que haya ciberacoso es necesaria, sin embargo –igual que ocurre con el *bullying* ordinario–, la presencia de un grupo formado por improbables cómplices. El silogismo es el siguiente: si los demás lo hacen, entonces no será tan deplorable,

1 Se trata de una parábola de Arthur Schopenhauer cuyo concepto retomaría Sigmund Freud (1921) en *Psicología de las masas y análisis del yo* para explicar la introversión y el aislacionismo de los seres humanos respecto del mundo.

2 El experimento de Milgram se llevó a cabo en 1961 para estudiar el comportamiento de sujetos a los que una autoridad –en ese caso un científico– les ordenaba realizar acciones que entraban en conflicto con sus valores éticos y morales (https://it.wikipedia.org/wiki/Esperimento_di_Milgram).

tan incorrecto, tan malvado, etcétera. En el grupo rigen dinámicas que van más allá de los principios y los valores individuales, los cuales en estas circunstancias pasan a un segundo plano.

La distancia puede crear también misterio e intriga para quien entabla relaciones de amistad o amorosas en línea con personas desconocidas. Dejándose enredar en intensas relaciones en línea, a veces las relaciones con la pareja, con la familia y/o con los amigos se vuelven secundarias. Se puede llegar a la inestabilidad conyugal, afectiva, familiar, social, laboral, escolar, etcétera. Las relaciones virtuales a menudo toman la delantera a las reales, también porque la otra parte puede asumir rasgos físicos y caracteriales distintos de los reales, que no han de descubrirse nunca. El conocimiento que se crea entre los amantes *atrapados en la red* a menudo queda confinado dentro de los límites y del misterio de la red misma. De manera más o menos consciente, se prefiere mantener una imagen (virtual) satisfactoria de uno mismo y del otro, cuando no idealizada.

Cibersexo. De la fantasía a la adicción

Internet propaga el sexo fácil, despojado de cualquier tipo de implicación sentimental. Se estima que en Estados Unidos una quinta parte de los sujetos con diagnóstico de IAD es adicto a actividades sexuales en línea, es decir, al llamado «cibersexo».

Valentina Cosmi, sexóloga y psicóloga del Instituto de Sexología Clínica de Roma señala, cuando traza el retrato robot de los «enfermos de cibersexo», que son mayoritariamente hombres, están casados y/o separados, pasan entre once y treinta y cinco horas semanales pegados a la pantalla del ordenador y suelen conectarse durante las horas de trabajo, mientras que los archivos que les interesan los descargan por la noche desde casa; el 33 por ciento de las relaciones virtuales desemboca en encuentros reales. Pero no solo los adultos pasan mucho tiempo en internet visitando sitios dedicados al sexo: parece que también es elevado el número de adolescentes que dedican mucho tiempo a practicar cibersexo. La mayor parte de los jóvenes busca esta experiencia por curiosidad y para satisfacer fantasías eróticas, pero se estima que un 10 por ciento se queda atrapado y se hace adicto.

Las motivaciones que empujan a las personas a emplear su tiempo en webs de contenido sexual son múltiples: en internet no se sienten juzgadas, las barreras de la timidez se derrumban, se puede escoger entre numerosas oportunidades y es más fácil ir en busca de otras nuevas sin correr ningún riesgo. En ciertos casos se opta por el cibersexo para *escapar* de la realidad y de la monotonía que, demasiado a menudo, termina creándose en la relación de pareja. El uso de la pornografía virtual lo hace todo fácilmente accesible, pero, con el tiempo, crea una adicción en toda regla.

Según Young (2000), el sujeto aquejado por esta forma de adicción puede presentar los siguientes signos clínicos:

- pasa mucho tiempo en sitios de chat y de mensajería privada únicamente para hablar de cosas relacionadas con el sexo o para buscar una pareja sexual;
- emplea con frecuencia la comunicación anónima para expresar fantasías sexuales atípicas, que nunca haría públicas en la vida real;
- procrastina la excitación o la satisfacción sexual;
- alterna material de cibersexo con sexo telefónico;
- esconde sus interacciones sexuales a los demás;
- experimenta culpa o vergüenza por el uso que hace de la red;

- inicialmente se excita cuando se encuentra por casualidad ante material de cibersexo; luego lo busca activamente;
- se masturba durante los chats eróticos;
- considera el cibersexo la principal forma de satisfacción sexual, reduciendo la inversión en la pareja real.

La sexualidad del adicto al cibersexo no apunta a complementar la sexualidad real: se convierte en un modo de vencer, sin esfuerzo, el tedio y la soledad; de sentirse importante y más capaz; de ejercer el poder que se tiene. Paradójicamente, sin embargo, la persona se vuelve cada vez más incapaz, está cada vez más sola y es cada vez más víctima de un engaño.

El *sexting*

La última tendencia en la red con el cibersexo es el *sexting,* suma de los términos *sex* (sexo) y *texting* (publicar un texto). El *sexting* se encuadra en una nueva moda juvenil, pero que también ha arraigado entre gente de más edad. Consiste en enviar y recibir mensajes sexualmente explícitos, fotos o vídeos de cuerpos desnudos o semidesnudos. Este fenómeno, nacido en Estados Unidos, se plantea como el nuevo juego de una generación que se considera libre tanto de sentido del pecado, como de tabúes –y abierta a descubrir nuevas fronteras del placer–, pero que corre el riesgo de quedar expuesta a una imagen de sí misma mercantilizada y despojada de su significado. Fotografiarse en poses subidas de tono y colgar las instantáneas en las redes sociales parece ser el último *viciecito* de los jóvenes. Según Amanda Lenhart (2009), nos encontramos antes una petición de ayuda con relación a una crisis del *yo,* de *amores* y de *soledades* que es el caso entre unos jóvenes que desean ser escuchados y conocidos por un mundo hecho de *mayores;* entre unos jóvenes que se descubren de repente rodeados de imágenes cuyo sentido no comprenden, pero cuyos riesgos sí que deben gestionar: pornografía, microprostitución y acoso.[3]

Las personas jóvenes que están solas y tienen dificultades relacionales pueden quedar atrapadas con más facilidad que otras en la espiral de la adicción. Su debilidad las hace vulnerables y les crea la necesidad de conseguir material o experiencias cada vez más excitantes, que a menudo las llevan a comportamientos desviadores y, además, muy peligrosos. El adicto al sexo –tanto al virtual, como al real– difícilmente logra refrenarse: puede llegar a utilizar contenidos pedófilos descargados de la red sin preocuparse del delito que con ello comete, o puede incluso abordar por internet a menores sin reparar en el carácter criminal de sus actos.

Aun reconociendo la propia persona su estado patológico, a menudo el temor a que la juzguen la frena de cara a pedir ayuda. Resulta ilustrativo el caso que a continuación referiremos. El paciente en cuestión buscó, en efecto, luchar él solo contra su demonio (precisamente porque le daba muchísimo apuro hablar del tema). Su temor era que la gente, terapeutas incluidos, pudieran tacharlo de sucio y depravado. En semejantes situaciones, la relación terapéutica constituye un elemento básico y resulta determinante. En el caso que nos ocupa, eso fue gracias a una entrevista radiofónica nuestra que se había emitido un par de días antes y en la cual hablábamos precisamente de cibersexo. Las expectativas de aquel paciente, que se basaban en lo que el mismo había oído en la radio, facilitaron la construcción de una relación terapéutica articulada en torno

3 Muchos son los casos de jóvenes que se suicidan tras difundirse en las redes sociales una serie de vídeos suyos comprometedores.

a la confianza. Eso fue determinante para que el muchacho se abriera y nos confiara, durante las sesiones, sus secretos más recónditos sin temer ningún tipo de juicio por nuestra parte. De manera que, tras estas premisas, vamos a ilustrar cómo aquel paciente se dejó guiar hacia fuera de la perversión: hacia una sexualidad sana.

El caso de Giosuè el gimnasta

A continuación vamos a presentar retazos de la primera sesión que llevamos a cabo con un muchacho al que llamaremos Giosuè. Se trataba de un joven investigador de unos treinta años que, como adelantábamos, oyendo una entrevista que nos habían hecho en la radio sobre problemas sexuales se decidió a afrontar un asunto que lo atormentaba y que estaba poniendo en peligro su historia de amor. A la pregunta de «¿Qué le ha hecho venir a vernos?», él contestó con una gran sonrisa: «Aquí puedo decirlo... ¿Tiene usted presente la práctica autoerótica dannunziana?[4] Pues bien: yo soy capaz de darme placer con esa misma práctica, sin que me haya hecho falta quitarme ninguna costilla. [...] De un tiempo a esta parte estoy empezando a acusar dolores, pero yo sigo: no paro de hacerlo. No consigo dejar de entrar en los sitios donde muestro lo que sé hacer, ni de hecho en sitios porno en general». (Así describió Giosuè su *problema).* «Cuando uso el ordenador –aunque sea para trabajar–, es como si cayera en un remolino: antes o después, termino siempre ahí. [...] Leyendo en internet, me he dado cuenta de que me he convertido en un adicto al cibersexo». Añadió que se había dirigido a nosotros por los grandes dolores que tal actividad le producía, pero tam-

4 Es decir, de Gabriele D'Annunzio. *(N. del T.)*

bién porque en breve había de volver su novia de una estancia académica por la que había estado fuera más de seis meses. Giosuè tenía miedo de que ella se diera cuenta del asunto y lo dejara: «No quiero perderla; ella es el amor puro...».

Durante más de seis meses, Giosuè había estado haciendo su *performance* autoerótica entrando en una web, ante un público que lo observaba, varias veces al día. «Con un bitcóin,[5] tuve acceso a un espacio para mí solo en uno de los sitios que ofrecen videochat. Pasé, con una facilidad pasmosa, de espectador a actor. [...] Vuelvo locos y excito a los demás con lo que soy capaz de hacer, y eso me da tanto gusto...». A que Giosuè se convirtiera en un adicto había contribuido también, aunque él no lo explicitara, la conciencia de estar haciendo algo asombroso, algo que le proporcionaba una doble satisfacción: por un lado, le hacía experimentar un placer físico –«Por mucho que duela y sea cosa de enfermos»–, y, por el otro, a ese placer se sumaba la aprobación de sus *voyeurs* (de quienes lo miraban). Eso le hacía sentir un campeón. Era la sensación de los sitios de chat que frecuentaba. En atención al dolor y a la preocupación de que su novia pudiera descubrirlo in fraganti, Giosuè intentó varias veces interrumpir aquella actividad suya en la red, pero sin éxito. Volvía a caer en la tentación y por eso decidió pedir ayuda.

Con Giosuè trabajamos siguiendo la lógica del aforismo de Oscar Wilde que reza: «El único modo de liberarse de una tentación es ceder a ella». De manera que prescribimos al muchacho que efectuara su *performance* autoerótica en el videochat durante treinta minutos dos veces al día, por la mañana y por

5 Es una divisa electrónica cuyo valor fluctúa. Se puede usar para pagar en los establecimientos que la aceptan –cada vez más numerosos–, o incluso para comprar dinero corriente.

la noche, independientemente de que le surgiera el deseo o no. En poco tiempo, aquella maniobra le permitió recuperar el control, porque la actividad en cuestión perdió su función transgresiva. Giosuè nos reprochaba, en plan de broma, que le habíamos estropeado su divertimento con aquella prescripción. Ya no era agradable como antes... En una segunda fase –habiendo recuperado Giosuè el control y habiéndose reducido aquella práctica suya casi hasta su desaparición, gracias a la prescripción paradójica del propio síntoma–, fuimos introduciendo paulatinamente la idea del sexo *puro,* con referencia a lo que hacía con su novia. Para Giosuè, aquel temor/placer fungió de catalizador para volver al sexo sano y al erotismo compartido con su pareja.

Es importante precisar que este tipo de terapia sigue una antigua sabiduría que se remonta a la filosofía china, según la cual, «para enderezar una cosa torcida, primero hay que aprender cómo se tuerce todavía más». En el caso que nos ocupa, la prescripción de la propia perversión produjo, en efecto, que esta misma cortocircuitara hasta el extremo de autoeliminarse. Resolviendo su problema, Giosuè se liberó del *demonio* que lo atenazaba y, además, consiguió mantener relaciones sanas.

RESUMIENDO

→ ¿La realidad es lo virtual o es lo virtual la realidad? Especialmente para los jóvenes que crecen con las nuevas tecnologías, la distinción entre vida en línea y vida fuera de la red se ha vuelto verdaderamente mínima.

→ Los vínculos virtuales podrían suponer una oportunidad y un primer paso hacia los vínculos reales, pero a menudo no es eso lo que ocurre.

→ Relaciones por internet: estamos creando un mundo en el que las personas prefieren las relaciones virtuales a las reales.

→ Internet crea una *distancia de seguridad* que influye en las relaciones y mantiene alejado aquello que se desea/teme, es decir, el involucramiento emocional.

→ Da la impresión de que la gente, escondiéndose detrás de una pantalla, se vuelve más despiadada: crece el ciberacoso.

→ La distancia crea unas relaciones por internet más misteriosas e intrigantes y que, debido a eso, se prefieren sobre las relaciones reales.

→ La adicción al cibersexo es la adicción a actividades sexuales realizadas a través de internet.

→ El cibersexo es una forma fácil de atajar el aburrimiento y la soledad, de sentirse importante, de que la persona ejerza su poder y supere su incapacidad sexual y relacional, etcétera.

→ Los adictos al cibersexo quedan atrapados en un remolino: necesitan conseguir material o experiencias cada vez más excitantes, lo que a menudo desemboca en comportamientos desviadores y/o peligrosos.

→ El *sexting* es una nueva moda consistente en el envío y en la recepción de mensajes sexualmente explícitos, fotos o vídeos de cuerpos desnudos o semidesnudos, enviados desde teléfonos móviles, por correo electrónico o por internet.

→ Una terapia eficaz y resolutiva para las adicciones ayuda a la persona adicta a construir relaciones sanas consigo misma, con los demás y con el mundo.

4. LA AUTOLESIÓN

En ocasiones el hombre está extraordinaria, apasionadamente enamorado del sufrimiento.
FIÓDOR M. DOSTOIEVSKI

En 2015, en el Reino Unido, las organizaciones Young Minds, ChildLine, Youthnet[1] y Selfharm UK –dedicadas a la protección de los jóvenes– llevaron a cabo un sondeo que puso de relieve el inquietante aumento de la exposición de los menores, a través de internet, a imágenes, vídeos, blogs y chats sobre la autolesión. Uno de cada cuatro jóvenes en la franja de edad comprendida entre los once y los catorce años, y siete de cada diez entre los dieciocho y los veintiuno, declaran que han buscado en la red, de forma deliberada, imágenes de otros muchachos infligiéndose heridas. Y el sesenta por ciento de los adolescentes entrevistados –en la franja de entre los once y los catorce– dice haber compartido imágenes de comportamientos autolesivos en las redes sociales.

1 http://www.youthnet.org/2015/02/poll-reveals-affect-of-on-line-self-harm-images-on-children-and-young-people/

La autolesión. ¿Sencillamente hacerse daño?

A alguien que sea un poco más sensible de lo habitual, ya solo oír contar historias cruentas o ver sangre podría impresionarle. Si, por una parte, están estas personas, en el extremo opuesto están quienes de manera voluntaria se cortan con distintos objetos, se provocan quemaduras, se arrancan el pelo hasta acabar creándose calvas en la cabellera, se comen las pielecillas de las uñas o se muerden los labios y los carrillos hasta hacerse sangre. Todos estos sujetos saben que están haciendo algo que se desaprueba, algo que resulta desagradable y que podría suscitar rechazo o asustar. Precisamente a tales comportamientos se debe que la autolesión sea una práctica transgresiva que, a diferencia de cuanto pueda imaginarse, hace experimentar una forma de placer que suaviza cualquier dolor.

Las dos caras de la autolesión

La autolesión es una práctica transgresiva a la que se recurre para provocar emociones fuertes; se trata de una conducta que proporciona al mismo tiempo dolor y placer. Estas dos emociones contrapuestas tienen la misma base neurobiológica. Ambas son reguladas por el sistema límbico en torno al tálamo, el centro de la «recompensa» y del «castigo» (Bujatti y Riederer, 1976). En el tálamo se produce, en efecto, tanto la emisión como la inhibición de las endorfinas[2] y de la serotonina,[3] que son los principales neurotransmisores que intervienen en las

2 Sustancias con propiedades analgésicas, semejantes a la morfina y capaces de mitigar el dolor.

3 La hormona de la satisfacción y del descanso.

adicciones, regulando el dolor y el placer (Liberazon *et al.*, 1997). Según Walsh (2005), en el caso de la persona adicta a autolesionarse, el síndrome de abstinencia del dolor puede ocasionar reacciones ansiógenas, pérdidas del control, irritabilidad, disforia, depresión, apatía y anhedonia (vacío y entumecimiento), sensaciones que desaparecen mientras el adicto en cuestión hiere su propio cuerpo, y dejan de hostigarle inmediatamente después. Los mecanismos neuroquímicos que se activan, las emociones que se experimentan y los comportamientos que se manifiestan asemejan esta práctica de la autolesión a la drogodependencia. Ambas siguen, en efecto, el mismo patrón: práctica (consumo) → tolerancia → abstinencia → búsqueda.

Las primeras veces predomina el dolor. Con la reiteración, sin embargo, los beneficios emocionales no tardan en llegar y la experimentación ocasional no tarda en transformarse en una compulsión irrefrenable. Nardone y Selekman (2013) sostienen que los comportamientos autolesivos pueden tener su origen tanto en el *dolor* como en el *placer*. En el primer caso, el adicto hace daño a su propio cuerpo –abusando de sustancias, realizando prácticas sexuales arriesgadas, extremas o humillantes, desarrollando incapacitantes trastornos alimentarios– con el objetivo, en efecto, de anestesiarse. El dolor físico que las heridas provocan acalla un dolor emocional que podría deberse a un abuso, a una pérdida, a un abandono, a una desilusión derivada de otros o de la propia persona... A semejanza de la morfina, la autolesión alivia el dolor. De ahí que la persona llegue a no poder pasar sin ella. Pero también hay prácticas autolesivas que se realizan por puro *placer:* para atraer la atención, tener a las personas de rehenes, manipular una situación, superar los límites de uno mismo para obtener aprobación, sentir autocomplacencia por lo que uno ha sido capaz de hacer, etcétera. En este segundo caso, los cortes, las quemaduras y las heridas no se esconden, sino que hay una voluntad de que tales marcas resulten visibles para padres, profesores y amigos. El sujeto puede incluso ostentarlas, hacer gala de ellas para demostrar valentía, fuerza, pertenencia, sensibilidad artística, capacidad, etcétera. En tales casos, los comportamientos que suponen riesgo se viven como desafíos. El envite va subiendo de nivel y se va haciendo cada vez más serio, y a menudo tiende a ser letal por accidentes o por errores de cálculo.

Una práctica autolesiva consolidada representa, dejando al margen cualquier otra consideración, un ritual que reporta beneficios y del que resulta más difícil prescindir cuanto más tiempo pasa. Como decía el biólogo y psicólogo Henri Laborit (1982), «cualquier cosa que se repita en el tiempo se convierte en un placer».

La autolesión. Una nueva epidemia entre los jóvenes

La autolesión es un comportamiento en expansión entre los adolescentes. Cortarse, arañarse, excoriarse las heridas, darse golpes, quemarse, pegar cabezazos, hacerse tatuajes y *piercings* extremos –sin preocuparse, quizá, por la higiene–, morderse, ingerir cuerpos extraños o arrancarse el pelo son algunos de los métodos más usados por quienes se provocan heridas voluntariamente (Nixon y Heath, 2009; Nock, 2010). El cuerpo, en la adolescencia, puede convertirse en un instrumento para expresar y comunicar emociones, pertenencias, ideologías, ansiedades; puede ser un arma de seducción si se utiliza el maquillaje de cierto modo, un objeto artístico-expresivo sobre el que actuar incluso con una violencia extrema –como en el caso de las *performances* del llamado «accionismo vienés»–,[4] un objeto con el cual ser *trendy* o estar en la onda si se tienen ciertos signos y dibujos que el resto de miembros de la *tribu* identificarán. Gracias al cuerpo es posible expresar fuerza, belleza, valentía. De ahí que se modele con el deporte, con *piercings* o con tatuajes, ya sean estos tradicionales o utilicen técnicas más insólitas como el *scarring* (con escarificaciones), el *branding* (con quemaduras) o el *cutting* (con delgadas incisiones).

Si las personas que se autolesionan de manera, digamos, *corriente* esconden sus heridas, quienes hacen alarde de ello –por haberlo convertido en una práctica profesional o en un estilo de vida– directamente las ostentan, tratan de dar a conocer su arte organizando espectáculos, participando en encuentros y convenciones.

«¡Mira lo que hago!». El papel de las redes sociales y de internet

Cuando coinciden en la misma persona dos o más comportamientos patológicos, juntos pasan a formar una cosa distinta y más complicada. En la era de la comunicación digital se pueden compartir problemas y soluciones, intereses, objetos, etcétera, de manera cotidiana y sencilla. Basta entrar en alguna de las numerosas plataformas y crear un blog, o bien un perfil en cualquier red social, o abrir un hilo de discusión en alguna comunidad virtual o en algún foro, o sumarse a una lista de distribución o *mailing list*. Actualmente se está haciendo cada vez

4 El «accionismo vienés» (Wiener Aktionismus) fue un movimiento artístico que ejercía el llamado «arte corporal» *(body art)* en su versión más radical. Las *performances* eran prácticas agresivas dirigidas contra el cuerpo violentado y autotorturado del propio artista para representar la conflictividad social y cultural.

más frecuente que sea en sitios virtuales donde empiecen a divulgarse las informaciones y se originen las iniciativas sociales (encuentros, reuniones, actos). El individuo interesado, si da con sitios dedicados a los correspondientes temas, puede observar, descubrir, profundizar y satisfacer curiosidades.

Buscar durante la adolescencia la exclusividad y la originalidad es algo común, pero no todo el mundo está en condiciones de hacer cosas extraordinarias ni de ser extraordinario. La valentía que no se tiene –y que hace falta para las audaces experimentaciones– la proporciona el grupo de iguales al que el individuo debe homologarse para formar parte de él. Hoy en día, sin embargo, el grupo de iguales no siempre está formado por personas que se encuentran y/o se re-conocen físicamente: puede tratarse incluso de una comunidad de internet. En cualquier caso –ya se trate de un grupo real o de un grupo virtual–, pertenecer al mismo requiere sacrificar el deseo de diferenciación y unicidad.

La cuestión es que también la autolesión, las conductas peligrosas, las modas extremas han encontrado su espacio en la red. Quien se halla sumido en la tristeza habla de ello y muestra a otro –por ejemplo, en Instagram– los surcos que dejan en su cuerpo las lágrimas de sangre; quien lleva a cabo peligrosas *bravuconadas* las documenta colgando vídeos (YouTube es uno de los canales de más éxito); a quien le interesa el *arte corporal (body art)* utiliza blogs y sitios dedicados a tal tema para mostrar lo que hace, para comunicar actos y experiencias, para criticar, etcétera.

Un estudio de la Universidad de Oxford sobre la influencia de internet en la difusión de la autolesión demuestra que los jóvenes que están en riesgo de realizar actos autolesivos y suicidas pasan más tiempo conectados a la red para compensar la soledad y la sensación de abandono que viven en su día a día (Daine *et al.*, 2013). El 80 por ciento de los jóvenes entrevistados que habían practicado conductas autolesivas refería que previamente había buscado información por internet.

En las redes sociales se encuentran muchos sitios en los cuales se muestran heridas, distintas formas de autolesión y/o se habla de suicidio. En tales webs se comparten malestares, imágenes –cortes, arañazos, quemaduras, sangrías, etcétera–, relatos cargados de rabia y agresividad. Se comunica y se percibe la desaprobación que suscitan el mundo real, los amigos, los compañeros de clase, los padres, los adultos, las instituciones, una realidad que se considera demasiado superficial, banal, desinteresada e hipócrita. Es el sentimiento de incomprensión lo que lleva al adolescente a refugiarse en lugares virtuales donde se le hace creer a sí mismo que está re-conociendo a tantos otros perfectos desconocidos. Daine y sus alumnos observan que los jóvenes utilizan internet para intercambiar consejos. Las imágenes y las posibles explicaciones contribuyen a hacer factible y normalizar el acto que se pretende realizar. La valentía que de ahí se saca aleja los temores e induce a subestimar los peligros.

¿Debemos entender que quien se autolesiona está en riesgo de suicidio?

Shneidman (1993) afirma que «quien se autolesiona se hace daño para estar mejor». Quien lleva a cabo un intento de suicidio no ve, por el contrario, ninguna posibilidad de mejorar su situación, sino que su objetivo es interrumpir el estado de dolor psíquico de forma permanente. En general, los sujetos que se autolesionan[5] declaran que ellos no tienen intención de

5 Estudiando los distintos comportamientos de tales sujetos, hemos categorizado a estos en *reservados* (que esconden sus heridas) y *exhibicionistas*

morir: da la impresión de que su práctica autolesiva constituye solamente un intento de liberarse del estado de sufrimiento en el que viven (Klonsky, May y Glenn, 2010). Entre los sujetos que se autolesionan, cuando son del tipo reservado y/o directo, no suelen verificarse muertes. Las probabilidades aumentan notablemente cuando el hecho de herirse a sí mismas se convierte en una experimentación maníaca, exacerbada y fuera de control, cuando el placer que el riesgo proporciona impide percibir de manera clara el peligro real, cuando hay una voluntad de exhibir lo que se hace. En tales casos la muerte, que podría ser una consecuencia indirecta, ¿estaría provocada por un accidente o por un suicidio? Desde cierto punto de vista, la diferencia fundamental entre, por una parte, el subtipo exhibicionista del sujeto que se autolesiona y, por otra, el suicida reside en el marcado y prepotente *sentimiento de omnipotencia* que embarga al primero, quien, por el placer que el riesgo le supone, no tiene en cuenta ni su propia vida, ni la de los demás, y está dispuesto incluso a afrontar una muerte atroz.

Esa mayor peligrosidad de sus acciones viene dada por un obvio pensamiento irracional en virtud del cual el individuo, con la superación de las pruebas, pasa a percibirse a sí mismo como un ser inmortal y distinto de todos aquellos que sí que sufrieron el *accidente*. Se forma entonces el famoso autoengaño de que «más vale un día de león que cien de oveja». Esta categoría incluye a quienes indirectamente pueden llegar a dañar sus propios cuerpos teniendo relaciones sexuales sin precauciones y con desconocidos, conduciendo a toda velocidad por lugares peligrosos, jugando a arriesgados juegos como cruzar la auto-

(que se hacen heridas vistosas). Estos últimos podrían subdividirse, a su vez, en *vanidosos* (quienes se hacen las marcas para mostrarlas) y *temerarios* (quienes lesionan su sistema perceptivo-reactivo hasta correr peligro de muerte o de quedar marcados de por vida).

pista sin mirar, haciendo equilibrios por sitios muy elevados, quedándose en las vías mientras llega el tren, etcétera (Papantuono, 1999). Como dice Claude-Adrien Helvetius, «a menudo la valentía es el efecto de una visión poco clara del peligro que se afronta o de la total ignorancia de dicho peligro».

Un grito de auxilio para llamar la atención de unos padres cada vez más lejanos

El mismo sondeo que comentábamos al comienzo del presente capítulo señalaba que solo un muchacho/niño de cada diez pide consejo a sus padres o a personas cercanas, mientras que la mitad de los entrevistados declaraban que ellos buscaban respuestas en la red. Da la impresión de que se prefiere preguntar a personas que compartan las mismas experiencias, aunque se trate de desconocidos.

Los padres, que son el eje de la familia, resulta que, en una sociedad como la nuestra, por desgracia no pueden permitirse, en muchos casos durante gran parte del día –a menudo por motivos de trabajo–, estar junto a sus hijos como quisieran/deberían, es decir, asumiendo ante ellos la figura educativa que su función parental exige. Delegan dicha función en abuelos, en cuidadoras, en actividades extraescolares, en la televisión, en el ordenador, en el *smartphone*..., y terminan ignorando las necesidades evolutivas de sus hijos. Las dificultades de cara a compartir experiencias y ocasiones de puesta en común crean vacíos afectivos y sentimientos de culpa que se intenta colmar y acallar con bienes materiales. Al joven que recibe de su progenitor regalos, premios o viajes aunque no haya hecho nada para merecerlos –o incluso cuando hace barrabasadas–, se le está transmitiendo el mensaje de que él tiene derecho a todo. El hijo podría confundir, además, el cariño que los padres le piden con un precio a pagar por la consecución de sus deseos, en cuyo caso ese cariño podría ser instrumentalizado con fines chantajistas. Los padres que, debido a su sentimiento de culpa –y/o por evitar el conflicto–, no establecen las reglas que hacen falta para orientar y poner límites terminan por alimentar la confusión y el sentimiento de omnipotencia (Nardone, Giannotti y Rocchi, 2010). Con frecuencia se verifica, en efecto, eso que dice Mignon McLaughlin (Gardner, 1982) de que «muchos de nosotros se convierten en padres mucho antes de dejar de ser niños».

El caso de Priscilla. «¿Debo preocuparme?»

Vino a vernos una mamá a la que le costó contarnos que un par de semanas antes había descubierto que su hija de doce años se hacía heridas. Su pregunta inicial fue: «¿Debo preocuparme?». Resulta que en el colegio de la niña le habían dicho que acudiera a expertos. En un control médico que realizaron en el centro educativo, en los brazos de Priscilla –que así se llamaba la hija– y de otra niña de su edad amiga suya detectaron cortes y marcas sospechosas. El profesor, hablando en privado con las dos chiquillas, descubrió que, durante sus encuentros vespertinos, además de hacer los deberes que tuvieran para el día siguiente, se metían en un videochat en el que habían conocido a otra chica con la que compartían aquella práctica: se cortaban con cuchillas delante de una cámara web, fotografiaban las heridas que se autoinfligían y colgaban las fotos en un perfil que se habían abierto en Instagram.

Cuando le preguntamos a la madre si últimamente había advertido cambios en el comportamiento de Priscilla, la señora nos dijo que, en casa, los signos de aquella práctica habían empezado a encontrarlos a partir de que en el colegio les señalaran el problema. Tanto el marido como la mujer reparaban ahora en las heridas de su hija, encontraban restos de sangre y fotos en los móviles –también en los de ellos–, etcétera. La mamá confesó que se sentía como amenazada por la hija. No sabía qué hacer. Indagando vimos claro que Priscilla, con su comportamiento, buscaba recibir las atenciones que sus padres no le daban.

Ambos ejercían, en efecto, profesiones liberales y a menudo trabajaban en proyectos que les hacían ausentarse del hogar. En tales casos, Priscilla se quedaba con la empleada doméstica que tenían. Le habían dado responsabilidades y se había visto obligada a crecer precozmente. A los ocho años ya tenía llaves de casa y su propio teléfono móvil. La madre decía que tenía unas dotes y una madurez mayores que las del resto de los niños de su edad.

Durante la sesión, a través del diálogo, a los padres se les reestructuró la percepción que tenían de su hija y de la madurez de esta. Las cualidades que reconocían en Priscilla hacían de la chiquilla una persona sensible, pero al mismo tiempo consciente de que seguía siendo una niña necesitada de guía y de mimos, exactamente igual que el resto de sus compañeros. De ahí que a estos padres les indicáramos que establecieran pequeñas reglas y límites de cara al uso del ordenador y del *smartphone*. Tendrían, además, que decirle a su hija *que no entendían su comportamiento, pero que querían respetarlo*. De manera que todas las noches tendrían que acompañarla a la cama y dedicarle media hora que ella podría emplear en lo que mejor le pareciera: contándoles qué tal el día en el colegio, sus preocupaciones..., o bien podría hacerse también sus heridas. En la siguiente sesión –tres semanas después–, la mamá volvió sola y nos contó que Priscilla había recibido muy bien aquella propuesta. Y señalaba la señora que, aunque la niña podía haber utilizado la media hora en cuestión para su práctica autolesiva, en ninguna ocasión lo hizo.

Priscilla prefería compartir con sus padres lo que hacía durante la jornada, hablándoles de sus amigas, de los compañeros de clase, del futuro con el que soñaba, etcétera. Con la madre de manera particular le encantaba hablar de sus intereses, de ropa y de maquillaje. Además, no había protestado nunca por las reglas que le habían marcado. El comportamiento autolesivo desapareció en cuestión de días, y en pocas semanas la relación madre-hija mejoró una barbaridad. Por lo que la mujer contaba, terminó creándose entre ellas una sana complicidad.

RESUMIENDO

→ La autolesión es una *práctica transgresiva* a la que se recurre para provocar emociones fuertes. Puede convertirse en un juego en el cual se alternan el *dolor* y el *placer*.

→ Las conductas autolesivas están en expansión entre los adolescentes.

→ Las prácticas más habituales consisten en cortarse, arañarse, excoriarse las heridas, darse golpes, quemarse, pegar cabezazos, hacerse tatuajes y *piercings* de manera inadecuada, morderse, ingerir cuerpos extraños o arrancarse el pelo.

→ Como todas las modas extremas, la autolesión ha encontrado su espacio en los *sitios virtuales,* donde se ve y se muestra de qué se es capaz.

→ En las prácticas autolesivas, *la muerte* podría ser una consecuencia indirecta, a menudo provocada de manera accidental por el sentimiento de omnipotencia.

→ La autolesión puede ser una *petición de ayuda y/o atención* dirigida a los progenitores.

→ Actualmente los progenitores están cada vez *más ausentes y/o distantes:* delegan su función en otras personas y en los dispositivos tecnológicos –*smartphone,* tableta, televisión, etcétera–, no establecen reglas claras ni límites y alimentan, con ello, la confusión y el sentimiento de omnipotencia de sus hijos.

5. VIDEOJUEGOS EN LÍNEA

Los ordenadores devuelven exactamente lo que se les ha introducido. Si futilidad les metemos, futilidad nos darán. Pero los hombres no son muy distintos.
RICHARD BANDLER

Hace un tiempo, el periódico *Il Sole 24 Ore* dedicaba su portada al juego en línea *Pokémon* GO, tratando de explicar su éxito planetario.[1] Sea cual sea la hipótesis que se proponía, lo que no admite duda es el poder que los dispositivos tecnológicos ejercen en las personas de edad cada vez más tierna. Da la impresión de que son muchos quienes no pueden pasar sin jugar en el ordenador, con el *smartphone,* etcétera, y cual enamorados tratan de no despegarse nunca de la máquina de sus amores, no viendo la hora de regresar con ella en caso de no tener más remedio que abandonarla. Quien tal *amor vive* mientras juega pierde la noción del tiempo, se olvida de sí mismo, de sus compromisos y de todo lo demás: está completamente alienado. Si quien está *enamorado* de la herramienta informática es un joven, no es insólito que se verifique una caída del rendimiento escolar, cuando no un *rechazo*

1 http://www.ilsole24ore.com/art/tecnologie/2016-07-18/pokemon-go-perche-un-successo-planetario-083254.shtml?uuid=AD68xNu

del estudio, y que se reduzca o directamente se anule la relación con el mundo real. Para evitar que lo molesten, el jugador se encierra en su *cámara nupcial*... ¡y mucho cuidado con entrar! Es fácil, en efecto, que reaccione de manera agresiva o alejando a quien intente interponerse u obstaculizarlo (padres, familiares, parejas, profesores...). Quienes conviven con personas que evidencian tales comportamientos, cuando se dan cuenta de lo que está pasando, experimentan una sensación de impotencia que puede desembocar en frustración, rabia, resignación. Diríase, en efecto, que la fuerza de la *historia de amor* entre sus novios/amigos/parejas/alumnos y la máquina en cuestión vence, día tras día, a todo y a todos.

Las dimensiones del juego y sus efectos

Ya desde la década de 1980, juegos como el solitario de cartas, el de la serpiente u otros que venían instalados por defecto en los ordenadores representaban un problema porque distraían del trabajo. Hoy con internet, con el wifi por doquier y con la evolución de los propios videojuegos en línea, se ha producido una vasta y capilar difusión de estos. Los más populares responden a los formatos del *Multi-User Dungeon* (MUD), es decir, «dominio multiusuario» –en rigor, «*mazmorra* multiusuario»–, y del *Massively Multi-player On-line Role Playing Game* (MMORPG), o sea, «videojuego de rol multijugador masivo en línea».[2] Los usuarios de estos videojuegos entran en contacto a través de chats o videollamadas en las cuales crean coaliciones o pseudoamistades que los empujan a ser más audaces y a sentirse más fuertes. Quien

2 Son juegos de rol a los que se juega en internet a través de un ordenador. En los del tipo MMORPG, los personajes van evolucionando con el mundo.

pasa mucho tiempo jugando de manera asidua *pierde* (bienestar, dinero y afectos) y solo raramente tiene claro lo que le ocurre. Quienes sí que viven y perciben los efectos negativos son, en cambio, las personas del entorno del adicto, las cuales a menudo no saben cómo detener el declive de su familiar. La magnitud que este fenómeno ha alcanzado, la edad de los sujetos –cada vez más jóvenes–, la incapacitación reconocida y/u observada por parte de quienes lo sufren y de sus familiares han sido las señales que han atraído la atención de los estudiosos sobre la adicción a los videojuegos hasta el punto de oficializar su carácter patológico.

Una investigación efectuada sobre una muestra de aproximadamente siete mil personas –algunas, menores de edad– que en algunos casos llegaban a pasar veinte horas delante de la pantalla jugando, puso de relieve las dificultades que estas personas tienen para llevar una vida social normal. Los trastornos del sueño y de la actividad cerebral son las molestias más habituales, y la investigación demostró que jugar en la red crea adicción. Grüsser (2007) sostiene que «usar juegos de ordenador por internet crea una *memoria del placer* en el cerebro que genera adicción, igual que sucede con el alcohol y con las drogas blandas». Los síntomas más frecuentes que se han observado son, en efecto, también aquí la agitación, el temblor y la ansiedad. Añádase que en ocasiones, quizá también para tener un mayor rendimiento, los jugadores consumen sustancias (Grüsser *et al.*, 2007), lo que termina complicando la situación.

La adicción a los juegos en línea. Su descripción en el DSM-5

En la sección III del DSM-5 *(Manual diagnóstico y estadístico de los trastornos mentales),* reservada a los trastornos que requieren más investigaciones antes de ser considerados formalmente como tales, la adicción a los juegos en línea –en inglés, *Internet Gaming Disorder*– se define como un uso recurrente y persistente de internet para jugar –a menudo junto con otras personas–, el cual lleva a un malestar clínicamente significativo identificable por una serie de síntomas que aparecen en un lapso de doce meses. Dichos síntomas pueden ser: pensamientos obsesivos dirigidos a la actividad de juego realizada y pendiente de realizar; el juego por internet se convierte en la actividad cotidiana predominante; irritabilidad, ansiedad o tristeza si algo impide a la persona jugar; aumento gradual y progresivo del tiempo de juego; incapacidad para ejercer la voluntad y el control sobre la actividad del juego (la cual anula intereses, aficiones, etcétera); reiteración a pesar de tener conciencia de los problemas psicosociales creados por la dedicación asidua al juego; mentiras sobre el tiempo empleado en jugar; repetición del juego para evadirse, para evitar sentimientos, pensamientos o humores negativos; descuido de la propia persona y de los demás –la pareja, el trabajo, el colegio, etcétera– hasta hacer peligrar las relaciones.

Un problema de jóvenes... y no tan jóvenes

En los casos de jugadores muy jóvenes y adolescentes, la mayoría de las veces son los padres quienes piden ayuda para lidiar con la situación de su hijo, quien podría incluso negarse a acudir a la terapia. Están aumentando, no obstante, los casos en que la persona que necesita ayuda es adulta. Suele tratarse de varones de más de treinta años con serios problemas relacionales, aislados hasta el punto de no salir de casa; pueden ser estudiantes, desempleados o trabajadores que a menudo conviven con su familia de origen: sujetos profundamente decepcionados con la realidad en la que viven (Wood y Williams, 2007). El juego, que el individuo en cuestión ya había descubierto muchos años antes –y que en un primer momento era algo que proporcionaba placer y entusiasmaba–, progresivamente fue pasando a representar un instrumento y un intento con los que soportar una realidad que, en general, dicho individuo considera injusta y/o equivocada. Lo virtual constituye, para estas personas, la realidad y no la alternativa al mundo. Allí exponen ellas sus miedos, su dolor, su rabia: emociones derivadas de su incapacidad para empezar a dar vida al sueño de la adolescencia, el cual se va volviendo cada vez más borroso conforme se va avanzando.

Videojuegos y violencia. Algunos casos históricos

El 22 de julio de 2011 era una tibia jornada que transcurría como tantas otras. En el barrio de Regjeringskvartalet –en Oslo–, en un aparcamiento del centro de la ciudad, un joven alto y rubio de unos treinta años estacionaba su automóvil, tras lo que se alejó del lugar a pie cargando una mochila militar. El mismo hombre dejaba, esa misma mañana, su lancha neumática en la playa de la pequeña isla de Utøya. El lugar, su atuendo, cómo se movía..., todo hacía pensar que se trataba de un militar de una unidad especial. De repente, en el centro de la tranquila ciudad noruega, un automóvil atestado de material explosivo saltaba por los aires sembrando muerte, terror y pánico: ocho muertos y doscientos nueve heridos, algunos de ellos graves. El lugar de la explosión se llenó de agentes de las fuerzas de seguridad y ambulancias que intentaban restablecer el orden y socorrer a las víctimas. Mientras allí llenaban el aire gritos desgarradores y llantos de dolor, en la mencionada isla de Utøya –a un par de horas de distancia del centro–, entre el silencio de los fiordos se daba una situación muy distinta: unos chiquillos apenas adolescentes que empezaban a vivir sus primeras experiencias fuera de casa participaban en un campus organizado por la sección juvenil del Partido Laborista Noruego.

Sus actividades fueron interrumpidas de improviso por un hombre que parecía –y decía ser– un policía que estaba allí por motivos de seguridad. Congregados todos en el patio, aquel hombre se colocó frente a ellos, sacó del macuto un fusil de repetición y empezó a disparar. Quien no murió en el acto fue rematado con un tiro de pistola en la cabeza. Al final quedó, además de un ensordecedor silencio, un acre olor a pólvora y cadáveres sanguinolentos. Ningún herido: sesenta y nueve muertos... Poco después llegaba a las comisarías de policía, semidesiertas debido a la emergencia que se había declarado en la ciudad, una llamada telefónica. Desde el otro lado de la línea, una voz dijo: «Soy el comandante Breivik; mi misión contra el veneno de la sociedad multicultural está cumplida; me rindo; venid a detenerme». A la plácida Noruega, aquello le supuso una profunda herida. A fin de que no vuelva a producirse nunca ningún hecho parecido, todavía siguen tratando de entender la controvertida personalidad de Breivik. De sus redes sociales se dedujo que era un hombre de extrema derecha y fe cristiana, y un apasionado de juegos en línea como *World of Warcraft*, *Age of Conan* o *Modern Warfare*, que son algunos de los juegos con mayor difusión mundial.

Unos años después, unos muchachos amenazan la estabilidad y declaran la guerra a Europa. Quieren vengar al profeta Mahoma, en cuyo nombre (y en el de Alá) matan y están dispuestos, en muchos casos, incluso a hacerse saltar a sí mismos por los aires para así matar a más personas. Farhard Khosrokhavar, periodista del diario *Le Monde*, sostiene que el perfil del yihadista sería el un adolescente perteneciente a cualquier clase social. Se ha conjeturado, con base en los elementos hallados en las guaridas de varios yihadistas, que estos actuaban bajo los efectos de la fenetilina –una droga que inhibe el miedo– y que sus lugares de encuentro no eran las plazas o la calle, sino los chats de juegos en línea como *Grand Theft Auto* (GTA), foros que tal vez también usaban para captar a posibles reclutas. Desde ese punto de vista operaban igual que las fuerzas militares estadounidenses, que con algunos videojuegos en línea gratuitos convencían a los jóvenes de que se enrolaran. Parece ser, por último, que los mensajes más importantes no se transmitían a través de los chats –por estar estos a menudo vigilados por los servicios de inteligencia–, sino durante las propias sesiones de juego: escribían frases disparando ráfagas de balas.

Retrocediendo en el tiempo, tenemos el caso de los jóvenes del centro de educación secundaria de Columbine.[3] Las pesquisas demostraron que los asesinos, al pasar tanto tiempo con los videojuegos, se expusieron a una violencia que hizo surgir en sus mentes la idea homicida, la cual se desencadenó y se puso en práctica en un momento de rabia.

Fuera de la pasión desmesurada por las simulaciones violentas que practicaban con videojuegos en línea –presentes en el mercado–, los responsables de las masacres mencionadas no tenían mucho más en común. A los asesinos de Columbine les encantaba el videojuego más famoso de la década de 1990, *Doom;* Breivik jugaba con avidez a *Call of Duty;* a los yihadistas parece ser que les atraía el mencionado GTA, que es un videojuego prohibido en Australia y muy polémico.

Un videojuego, ¿realmente es peligroso?

3 La masacre de Columbine fue una matanza que se produjo en el ámbito escolar el 20 de abril de 1999 en Denver, Colorado, Estados Unidos. Cuando acabó el tiroteo, habían muerto doce alumnos y un profesor; los heridos fueron veinticuatro. Los autores de la matanza, Eric David Harris y Dylan Bennet Klebold, se suicidaron en el interior del propio centro.

¿Es la realidad la que se inspira en los videojuegos o son estos los que reciben el influjo de la realidad? Del mismo modo que en muchos videojuegos es posible hacer cosas que ocurren cotidianamente, alguien que se inspire en un videojuego podría igualmente llevar a cabo acciones que no se habría planteado nunca.

Los estudiosos tratan de entender qué efectos tiene en el cerebro el uso de videojuegos. Se preguntan también, llevando cuidado de no llegar a conclusiones precipitadas, hasta qué punto una exposición prolongada pudo influir en aquellas matanzas terribles. Se intenta comprender si existe una correlación entre la exposición a los videojuegos y la violencia inaudita que da lugar a este tipo de tragedias, o si tales tragedias dependen, por el contrario, solamente de factores de casualidad probabilística, teniendo en cuenta el gran número de videojugadores.

También los sociólogos vienen prestando atención, desde 1980, a los videojuegos en línea. Los hay que avanzan hipótesis y achacan al realismo y a la violencia de los temas de los juegos el aumento de la peligrosidad respecto del pasado. El profesor Klaus Mathiak observa, en estudios corroborados por muchas otras investigaciones (Birbaumer *et al.*, 2005; Bartholow, 2011), que la persona que está expuesta a videojuegos violentos presenta una actividad cerebral similar a la que provoca un suceso peligroso y potencialmente agresivo. Según eso, el cerebro prepara neuroquímicamente al cuerpo para reaccionar con agresividad a la amenaza inminente, sin importar que esta sea únicamente virtual. Así y todo, lo reciente de la explosión de este fenómeno y el número reducido de los hechos luctuosos no permiten a los estudiosos formular leyes científicas ni afirmar que el juego en línea sea la causa de brutales crímenes (ni siquiera tratándose de juegos violentos).

Más allá de los estudios sobre este fenómeno, la posible conexión entre, por una parte, el mundo de los videojuegos y los actos violentos o incluso el terrorismo por otra es una pista cada vez más seguida por los investigadores de las fuerzas de seguridad. El exinformático de la CIA Edward Snowden[4] reveló, en efecto, entre otras cosas que la Agencia de Seguridad Nacional estadounidense vigilaba videojuegos en línea como *World of Warcraft* o *Second Life*. Tal clase de vigilancia permitió, aun cuando pueda resultar criticable, evitar otras masacres, por ejemplo, la que planeaba, según parece, un muchacho austriaco de catorce años que estaba en contacto con los terroristas del Dáesh y se había descargado en la PS4 planos para preparar bombas.

Videojuegos y ciberacoso

En la adolescencia, ser único y *sentirse un campeón* son cosas, de algún modo, necesarias y funcionales, siempre que no se abuse de nada ni de nadie. Por desgracia, es frecuente que los adolescentes utilicen a los más débiles para sentirse fuertes y capaces ellos mismos, y cada vez son más los que recurren a la tecnología para colocar a sus compañeros en situaciones violentas, hostigarlos o amenazarlos. A este respecto, en apoyo de la tesis que establece una correlación entre el uso de los videojuegos violentos y el empleo de la violencia, se remite a un estudio de la Universidad Nacional Sun Yat-sen (2014) en el que se observaba, en los niños que usaban videojuegos violentos, una mayor propensión a las experiencias de ciberacoso. En tal sentido,

4 Extécnico informático de la CIA; famoso por revelar en 2013, a los países de la Unión Europea, los programas de vigilancia por internet de los gobiernos estadounidense y británico.

Maeve Duggan (2014) refiere que el 16 por ciento de las víctimas de agresión electrónica refiere haber sido importunado mientras jugaba en línea. Parece ser, en efecto, que en la red está creciendo el número de adolescentes y preadolescentes que sufren o perpetran ciberacoso, también llamado ciber-*bullying*. Y, a semejanza de lo que sucede con las formas de violencia tradicionales, la agresión electrónica es sinónimo de malestar emocional tanto en la víctima, como en el agresor.

Los distintos estilos de juego identificados

Los diseñadores, para llegar al público más amplio posible, estudian cuáles son los usuarios potenciales y les proponen un producto al que no puedan decir que no: un producto tan agradable, que los atrape. En cierto sentido, se comportan de manera especular respecto a quien después libera a los usuarios de la trampa...

Los resultados de nuestras investigaciones sobre el tema, que van en la línea de estudios previos de otros colegas (Bartle,[5] 1996; Yee, 2015), nos han permitido agrupar a los jugadores en tres categorías:

1. Los *ilusos-desilusionados* respecto de sí mismos, de los demás y/o del mundo. De jóvenes son rebeldes con actitudes contestatarias-provocadoras. Para ellos, el juego representa un modo de redimirse, de reivindicarse y de obtener poder. Se pueden percibir o como víctimas de sí mismos, o como víctimas de

5 Clasificó cuatro tipologías de jugadores que se mueven por los ejes horizontal y vertical: *killers* (actúan sobre los jugadores), *achievers* (actúan sobre el mundo), *explorers* (interactúan con el mundo) y *socializers* (interactúan con otros jugadores).

otros o como víctimas de un mundo mal hecho. Tienden a ser personas dadas a hacerse ilusiones, con unas altas expectativas que a menudo quedan frustradas; de ahí que se encierren en su propio mundo. Pueden llegar al clímax del malestar hacia los treinta años, cuando se dan cuenta de que han desperdiciado un buen pedazo de su vida jugando y acumulando fracasos y rabia. Prefieren juegos en plan de dispararle a todo (tipo *killer*), o en los que haya que conquistar territorios o avanzar de nivel (tipo *achiever*).

2. Los *incapaces conscientes*. Esta categoría incluye a quienes juegan con amigos presencialmente,[6] y a quienes juegan en línea para no sentirse solos. Se trata de jóvenes adolescentes caracterizados por tener una baja autoestima, falta de confianza en sus propias capacidades y algún defecto físico real o percibido, así como por haber crecido en un entorno familiar hiperprotector que termina volviéndolos inútiles y dependientes. El juego, para ellos, se convierte en el modo más sencillo de hacer amistades y socializar; pero optando por ese camino se privan de las posibilidades que ofrece la vida, en la medida en que no se ponen a prueba a sí mismos y aumentan, por tanto, su sentimiento de incapacidad y su ineptitud. Lo normal es que se especialicen en algún juego que prevea un vencedor y un vencido. Un ejemplo son los juegos de deportes (fútbol, carreras de coches, etcétera). Pero también este tipo de jugador puede transformarse, con el tiempo, en el formato *killer* o *achiever*, ya que ellos también optan por juegos en los que puedan demostrar que son más fuertes.

6 Pueden ser muchachos que invitan a casa a los amigos por estar ellos limitados físicamente. En general, el riesgo de una adicción a los videojuegos en línea es menor respecto a los otros casos, sobre todo si consiguen relacionarse también en contextos distintos y si prefieren la realidad al juego.

3. Por último tenemos a los *hiperracionales o exploradores,* que son jugadores a los que les gusta descubrir la mecánica de los juegos y desencovar las partes menos evidentes y/u ocultas, incluidos los errores de programación. Se trata de personas curiosas, a las que atraen las novedades y que, a fin de enriquecer sus experiencias con los juegos, estudian minuciosamente sus detalles. Muestran un interés relativo por los objetivos del juego en cuestión. Estos jugadores pueden ser profesionales de la informática o estudiosos de los videojuegos en línea, a los que dedican gran cantidad de tiempo hasta convertirse en auténticos entendidos. Jugando a hacer de analistas, también ellos corren el riesgo de volverse adictos. Caen como moscas: pensando que controlan el juego, terminan siendo ellos controlados por este y no pudiendo pasar sin él.

El juego es, en ciertas etapas del desarrollo como la infancia, la actividad principal; pero es igualmente necesario en todas las otras fases de la vida, si bien en menor medida y/o de manera distinta (por ejemplo, en los momentos lúdicos para concederse un merecido descanso). Más allá de la edad de la persona, del juego que se practique, etcétera, es importante que dicho juego conserve sus peculiaridades y no se desnaturalice, como ocurre cuando se pierde el control y lo que antes era un juego se transforma en una esclavitud. Conviene dejar claro, también en este capítulo que no todas las personas que hacen uso de juegos en línea terminan necesariamente abusando de ellos o convirtiéndose en adictos. Quienes más riesgos corren son los jóvenes vulnerables y las personas que se aíslan y que no tienen amigos, quienes tienen dificultades personales y relacionales y/o atraviesan momentos difíciles.

El caso de Ettore. Hacer de él un campeón de verdad

Ettore es un muchacho de veintitrés años al que sus padres llevan a la terapia. Ya no soportaban verle desperdiciar su vida. Dedicaba sus días a un juego de rol en línea, en el que se había hecho imbatible. En ese mundo se sentía un campeón. Muy distinto era todo en la vida real, donde jamás había experimentado nada semejante. Ettore tenía una baja autoestima, quizá debida también a su complexión gruesa. En el instituto había sido víctima de *bullying,* por lo que se había aislado como un eremita, perdiendo así también las pocas amistades que tenía.

El muchacho se presentaba vestido como un señor mayor, con un corte de pelo retro y la mirada baja, oculta tras unas grandes gafas de lentes gruesas. Presentando su situación, contaba que, cuando acabó el colegio –el cual había llegado a odiar–, intentó buscar trabajo y no encontró. Decía: «No soy digno ni siquiera de lavar los platos». Ettore no se presentaba bien: su mirada huidiza, su postura encorvada, no daban una idea de confianza en sí mismo y aplomo. Hasta ese momento, su vida había sido una sucesión de pequeños, pero continuos fracasos. Únicamente jugando a aquel juego por internet recibía el reconocimiento de sus contrincantes virtuales, que lo consideraban un mito. Allí sí que era ágil y poderoso; todos se inclinaban ante él, encarnado en su prestante avatar. Ese juego era su único placer y su sola satisfacción; de ahí que no tuviera ninguna intención de abandonarlo. Amenazaba a sus padres con *quitarse de en medio* si le cortaban internet y más valía no subestimar tal amenaza, teniendo en cuenta que la vida de Ettore estaba vacía: no había en ella ningún otro interés, ninguna otra motivación.

En la terapia, siendo conscientes de que no podíamos trabajar únicamente para permitirle obtener un mayor control sobre la adicción a su videojuego en línea, optamos por dejárselo mientras adquiría las competencias personales y sociales necesarias para poder sentirse un poco más fuerte también en la vida, es decir, fuera del juego. Para lograr liberarlo definitivamente de su adicción, teníamos que ayudarle a crearse verdaderos placeres que, poco a poco, pudieran ir sustituyendo el videojuego en línea.

En tales casos, una terapia resolutiva capacita al sujeto para tener el control sobre su propio comportamiento compulsivo y le permite adquirir competencias personales y sociales gracias a las cuales poder sentirse un campeón en la vida real.

RESUMIENDO

→ La adicción a los juegos en línea se define como un uso recurrente y persistente de internet para jugar, a menudo junto con otras personas. Comporta un malestar clínicamente significativo identificable por una serie de síntomas que aparecen en un lapso de doce meses.

→ El videojuego en línea es un fenómeno en expansión entre jóvenes –y no tan jóvenes– decepcionados consigo mismos y/o con el mundo real en el que viven.

→ El videojuego en línea se convierte en el terreno en el cual el sujeto se siente un campeón.

→ Se han hecho hipótesis sobre una posible correlación entre los videojuegos en línea y los actos violentos y el terrorismo.

→ Los niños que utilizan videojuegos violentos en línea son más propensos a las experiencias de ciberacoso.

→ Hay tres tipos de jugadores o estilos de juego: los *ilusos-desilusionados* respecto de sí mismos, de los demás y/o del mundo; los *hiperracionales o exploradores,* y los *incapaces conscientes*. Para cada categoría, el mercado ha creado juegos específicos ad hoc.

→ Una terapia resolutiva ayuda a las personas a tener el control y les proporciona competencias para que se sientan campeones en la vida real.

6. «SI YO FUERA RICO...», ¡PERO YA!

El hombre es un ser de deseos.
HENRI LABORIT

«If I were a rich man...» («Si yo fuera rico...») son las palabras, muy actuales todavía, de una canción cantada por el campesino pobre que protagoniza el musical *El violinista en el tejado (Fiddler on the Roof)*, ambientado en la Rusia zarista y estrenado en Broadway en 1964.

En nuestra sociedad altamente consumista, diríase que la felicidad y el sentimiento de realización vienen dados por la consecución del deseo explícito o implícito de hacer dinero (y, además, deprisa) y poseer objetos (de marca o no), buenos coches (mejor si son deportivos) y otros objetos de deseo que indiquen un *statu quo* triunfante.

La actitud consumista hacia la que nos vemos empujados es un estímulo para la posesión y la compra: «Únicamente vales si tienes [equis]». Lo que antes se consideraba un lujo ahora se presenta socialmente como algo esencial (*smartphone,* bolsos de marca, coche nuevo, etcétera). Vivimos en una sociedad en la que se cultivan falsas necesidades, a cuyo efecto el mensaje que llega es «No te puedes quedar sin [equis]». Se tiene la idea de que solo poseyendo determinados productos se llega a estar socialmente integrado y aceptado. Son incontables los progenitores que afirman no poder privar a su hijo del móvil, de la tableta o del ciclomotor por miedo a ocasionarle un grave trauma psicológico, o bien por temor a que puedan considerar que el niño es *raro,* y, por tanto, lo excluyan del grupo. Esa idea egocéntrica e individualista de «Yo merezco lo mejor porque lo valgo» lleva a la persona a ambicionar y a desear cada vez más bienes materiales, por más que poseerlos comporte grandes riesgos, deudas y créditos, comportamientos incorrectos y *zancadillas* a otros. Nos bombardean anuncios que inducen a pensar y a actuar de manera casi hipnótica hacia los objetos del deseo: «Tienes que tenerlo; de lo contrario, eres menos que los demás; no puedes quedarte sin ello y dejar que te superen». A menudo ocurre, sin embargo, que inmediatamente después de adquirir el objeto anhelado este es dejado en un rincón, pues el motivo de la adquisición no había sido la utilidad y/o el agrado, sino el mero estatus.

Internet ha incentivado, con sus múltiples posibilidades, esa ansia de tener y de poseer. Hoy sucede, en efecto, cada vez con más frecuencia que la red dé lugar a obsesiones y compulsiones que, llevadas al extremo, resultan ser adicciones: las apuestas en línea, el *trading* por internet y las compras *on line* compulsivas.

Veamos cada caso.

Apuestas por internet. Dinero fácil

Como dice Cesare Guerreschi,[1] la adicción a las apuestas en línea se ve facilitada por la fusión de dos fenómenos: la intriga

1 Fundador e ideador de la Sociedad Italiana de Intervención en Patologías Compulsivas.

que ya conocíamos del juego de azar y el acceso fácil que proporcionan las nuevas tecnologías. Cada uno de esos factores puede representar por sí mismo un problema, pero la combinación puede ser terrible: puede llevar a una compulsión compleja y extremadamente grata. Gracias a dispositivos móviles como la tableta y el *smartphone,* descargando las aplicaciones del *play store* es posible acceder a un sinfín de juegos a los que dedicarse en cualquier parte y a cualquier hora (Guerreschi, 2005). Tal comportamiento compulsivo pasa a ser todavía más grave teniendo en cuenta que el de las apuestas por internet es un negocio legal muy lucrativo.

En menos de veinte años, el juego de azar en línea ha evolucionado muchísimo, alcanzando altos niveles de popularidad. Han contribuido a favorecer su difusión numerosos elementos como el acceso móvil (el *smartphone)*, el llamado *social gambling* (las comunidades de jugadores de internet), los premios multimillonarios y los testimonios de famosos (anuncios en los medios de comunicación de mayor alcance).

Antigua y Barbuda fue el primer país del mundo que reguló el juego de azar en línea con una ley específica. Su ejemplo se propagó rápidamente a nivel global. El comienzo del nuevo milenio marcó el *boom* de las apuestas en línea: más tarde llegó el turno de la versión para móviles, que no tardó en convertirse en un fenómeno planetario. Juniper Research reveló que se apostaron miles de millones de dólares a través de las aplicaciones móviles. El *social gambling* creció exponencialmente, alcanzando una quinta parte del valor global de la industria de ese juego. La *start up* inglesa Plumbee, fundada en 2011, aportó, ella sola, más de cuarenta millones de dólares al balance global de los llamados *social casino games*. Actualmente, las apuestas en línea son legales en ochenta y cinco países, que contribuyen a las varias decenas de miles de millones de dólares que mueve la maquinaria de esta industria (Ferrari, 2014).[2]

La crisis económica y el aumento de los juegos de azar en línea

Distintos estudios muestran que, en momentos de crisis económica como podría ser el que ahora vivimos, muchas personas se acercan a los juegos de azar. Varias fuentes ponen de manifiesto que existe incluso una correlación inversa entre la situación socioeconómica y el crecimiento del sector que nos ocupa. Dicho de otro modo: un aumento de la crisis económica –real o percibida– paradójicamente se correspondería con un aumento del dinero gastado en el juego (Horváth y Paap, 2012; Ólason *et al.*, 2015). Cuando se produce una crisis económica, diríase que arraiga el engaño –o acaso la esperanza– de poder ganar *fácil*. La desesperación y el deseo de salir del sufrimiento económico activan a quien ya está sufriendo a buscar el cambio fiando en la fortuna. Y así se abren las puertas al juego de azar, que puede convertirse en lo que nosotros llamamos una «solución intentada». Y dicho intento de solución, que se lleva a cabo para hacer frente a los problemas económicos, con la reiteración se puede transformar en una adicción patológica al juego. Las dimensiones que actualmente ha asumido esta forma de adicción –que puede afectar a personas jóvenes, adultas y jovencísimas– la han convertido en una emergencia social.

Según John Mikesell, el juego de azar se percibe como una oportunidad que la persona tiene para cambiar su destino, ya que podría permitir ganar mucho por muy poco. El jugador

2 Más información en http://www.giochidislots.com/it/blog/leggi/la-storia-dei-casin-on-line-dalle-origine-al-social-gambling

desafía a la fortuna, busca el escalofrío del riesgo para sentirse vivo y esperanzado en tiempos oscuros. Se crea la ilusión de que va a encontrar en el juego lo que le niega la realidad. Teniendo en cuenta, sin embargo, que quien juega con frecuencia al final pierde más de lo que gana, la situación termina por empeorar. Las ocasiones aisladas en que se gana cumplen como refuerzo intermitente: alimentan la ilusión de que se puede volver a ganar, y tal vez más que la vez anterior. Se pone en marcha un círculo vicioso en el que el sujeto queda atrapado hasta que ya no ve ninguna otra solución que no sea el propio juego.

Trading por internet

Igualmente ilusoria es la *ganancia fácil* que promete otro juego al que socialmente se atribuye una mayor sofisticación: el *trading* en línea, es decir, la inversión en bolsa a través de internet. En la sociedad informática, el comercio electrónico es el servicio con mayores perspectivas de crecimiento de entre cuantos posibilita la red. Facilita actividades comerciales y transacciones por vía electrónica, por ejemplo, la comercialización de bienes y servicios, la distribución en línea de contenidos digitales, la realización de operaciones financieras y bursátiles, contratas públicas y otros procedimientos transaccionales de la administración. Igual que ocurre con cualquier otra cosa, también el *trading* por internet se puede convertir en una adicción si se pierde el control: es otro miembro de la familia de los trastornos asociados a internet. En la fase inicial, el *trader* actúa con las debidas cautelas, ponderando sus movimientos y sus inversiones. Empujado a prepararse para actuar, experimenta la excitación del deseo de ganar mucho y rápido, pero también la tensión que provoca el miedo a perder. Lo normal es que el miedo y el deseo se alternen. En ocasiones, sin embargo –sobre todo después de una serie de operaciones que hayan generado buenos beneficios–, esas dos sensaciones cortocircuitan cuando se empieza a perder. Es fácil, en efecto, que el inversor, viéndose en tal circunstancia, entre en crisis: sus capacidades de control se ven comprometidas ante el embate de lo emocional, y aumentan los riesgos de cometer errores al aumentar el deseo de recuperar lo antes posible el capital perdido. El sujeto piensa: «Tengo que prestar más atención; tengo que estudiar mejor los mercados y las tendencias; tengo que buscar más información». Pero, como *el dinero no duerme nunca*[3] y los mercados están activos noche y día, hay quien, en la vorágine, se queda en internet hasta que ya no es capaz de ejercer ningún tipo de control. La consecuencia es que la frialdad y la lucidez necesarias –y nunca suficientes– para mantener bien cogidas las riendas fallan precisamente en los momentos cruciales, es decir, cuando hay que tomar las decisiones. Y, así, paradójicamente las posibilidades de perder aumentan precisamente cuando se hace de todo por vencer. El *trader,* solo frente a su ordenador, puede efectuar varias transacciones en poco tiempo y sabe que basta un simple clic para ganar como en las otras ocasiones. Actuando compulsivamente, sin embargo, no se deja guiar por la capacitación y la razón, sino que termina siguiendo el instinto. De manera que el riesgo de seguir perdiendo precisamente en esas circunstancias aumenta de forma desmesurada. Los sujetos terminan asemejándose a jugadores de azar, por más que en su mayoría se nieguen a aceptar la comparación con tal figura. Lo cierto es que tanto el *trader* como el jugador de apuestas son incapaces de marcarse límites: su adicción les impide entender cuándo deben parar.

3 De la película *Wall Street* (1987), de Oliver Stone.

«Me creo, yo mismo, un trabajo rentable». Un autoengaño peligroso

La inversión bursátil en línea es una trampa más sutil incluso y mucho más peligrosa que el juego de azar. A diferencia de lo que le sucede al jugador de apuestas, al *trader* no le invaden sentimientos de culpa por lo que hace. El jugador de azar, cuando pierde, se siente culpable porque ha jugado: porque tiene el feo vicio del juego y, socialmente, eso se considera algo que necesita cura. Quien invierte haciendo *trading,* por el contrario, socialmente está legitimado (ante sí mismo, pero también ante quienes lo rodean). A la figura del inversor bursátil se le atribuyen, en efecto, capacidades y competencias que inducen a considerarlo inteligente (Cagnoni y Nardone, 2003). El *trader* se engaña pensando que el éxito depende exclusivamente de su pericia, de las estrategias que ha aprendido, de su control (mientras lo mantiene); de ahí que se olvide del aspecto emocional, que puede afectar a cualquiera en los momentos cruciales. El *trader* ignora o subestima los motivos por los cuales la actividad que él ejerce resulta tan apasionante y cautivadora.

El *trading* en línea es un proceso que parte de una base extremadamente racional en la cual la disciplina desempeña un papel clave. Resulta indispensable que el inversor esté dotado de la capacidad de mantener cierto equilibrio para guiar una inversión financiera. Ahora bien, mantener el control –hacer análisis técnicos, observar reglas, calcular los riesgos, decidir– es algo que, si se hace durante un tiempo prolongado, puede cansar, mermar las capacidades decisorias y valorativas, generar estrés. De manera que, para evitar perder, es necesario evitar perder el control, por lo que hace falta reconocer el factor emocional y saber cómo gestionarlo.

Las descargas simultáneas de adrenalina y endorfinas hacen experimentar al *trader* un miedo mezclado con excitación (Cagnoni y Nardone, 2003). El miedo tiene que ver con la posibilidad de perder el dinero que se invierte, pero de repente pasa a un segundo plano frente a la ansiedad que genera la idea de dejar pasar un buen negocio o de quedarse fuera de un mercado. A veces, a pesar de tales sensaciones, la ganancia se produce igualmente. Y eso podría hacer creer, de manera presuntuosa, que *caminar por la cuerda floja* es pan comido. Semejante idea aumenta los riesgos. Para *ganar,* se piensa y se actúa de forma irracional y se termina, por tanto, en una espiral donde se alternan el miedo y la excitación eufórica. Los investigadores clínicos adscritos al Centro de Terapia Estratégica (2002) afirman que, cuando el éxito no está controlado, surge una sensación de infalibilidad y se toman decisiones cada vez más osadas.

Las compras compulsivas *on line*

Poseer objetos de valor, poder gastar dinero, hace que la persona se sienta pudiente y acaudalada. Le da la idea de que es rica. Poder adquirir aquello que se desea produce satisfacción. Hoy las nuevas tecnologías facilitan todo esto... con el riesgo de llevarlo hasta el exceso y convertirlo en una compulsión.

El síndrome de las compras compulsivas por internet –en inglés, *On-line Compulsive Shopping* o bien *On-line Shopaholism*– se caracteriza por un deseo compulsivo de comprar cosas que se concreta y facilita con esta herramienta tecnológica. Fue el psiquiatra Emil Kraepelin (1915) quien identificó las compras compulsivas –que en su época obviamente no se producían en línea– como un trastorno psicológico y comportamental caracterizado por una tendencia a manifestar auténticas crisis de compra, lo que sería una forma de trastorno compulsivo relativo al gasto. Los sujetos que presentan esta alteración inicialmente compran por el placer que proporciona adquirir algo nuevo y por el gusto de poseer. Después refieren un estado de tensión creciente, y el deseo de comprar se transforma en un impulso irrefrenable. De hecho, el síndrome de las compras compulsivas se considera un trastorno del control de los impulsos. Nuestros pacientes a menudo describen las compras por internet como una atracción fatal. El comprador compulsivo también queda atrapado –como sucede en el resto de las prácticas compulsivas basadas en el placer– en una vorágine que se retroalimenta. Lo normal es caer en la trampa a través de tres fases (Nardone *et al.*, 2002):

- *Primera fase.* La persona fantasea sobre el objeto de deseo. Hoy encontramos muchos sitios especializados cuyo objetivo es encandilar al usuario con ofertas especiales, ocasiones «que no puedes dejar escapar», imágenes sugerentes, testimonios de personas famosas o embelecos estadísticos. Numerosos pacientes refieren haber sido atrapados por el objeto de deseo, que desencadena en ellos sensaciones viscerales profundas y gratas.
- *Segunda fase.* La persona que ha sucumbido a la excitación por pensar que ha encontrado aquello que desea empieza a acercarse hasta, por fin, efectuar la compra; el proceso en su conjunto es motivo de excitación. En esta fase, es como si invadieran al sujeto fuertes sensaciones de bienestar y felicidad que anulan casi por completo la capacidad de pararse a pensar. Se vive en un estado disociativo en el que se produce una especie de pérdida de control semejante a un arrebato sexual.
- *Tercera fase.* Es la que sigue a la compra. Hay una suerte de descarga de las energías acumuladas. La persona disfruta durante

unos minutos de su éxito..., pero inmediatamente después vuelve a ponerse en marcha el círculo.

Esa sensación es aún más fuerte cuando la compra no es automática, sino que se produce a través de una subasta. Participando activamente para hacerse con el objeto de deseo, pujando una y otra vez para adjudicarse el trofeo, la excitación se va haciendo cada vez mayor y, con ella, la intensidad de la descarga. La persona adicta no logra refrenarse ante la compra. Y, cuando vuelve en sí y recupera el buen criterio, la sensación de placer desaparece, ocupando su lugar los sentimientos de culpa, vergüenza y vacío interior. Pero ya es tarde y el mal está hecho.

Esta secuencia, si se practica con asiduidad, lleva a experimentar un placer que arrastra al sujeto hasta la pérdida del control y lo hace esclavo de aquello que la desencadena. Como dice Gustave Le Bon (1978), «para muchos, la libertad es la capacidad de elegir a cuáles esclavitudes someterse». Menudo autoengaño...

La consumopatía morbosa se convierte en un comportamiento compulsivo basado en el placer; estructura un ritual que proporciona una descarga de adrenalina. Con el tiempo se convierte en el equivalente de una droga que fagocita los placeres verdaderos hasta hacerlos desaparecer. En la persona que está atrapada en esta consumopatía, solo queda ese comportamiento compulsivo del que no logra prescindir porque ninguna otra cosa le hace experimentar las mismas sensaciones (Nardone *et al.*, 1999).

Rara vez son los propios sujetos adictos quienes piden ayuda. A menudo lo hacen aquellos parientes que están hechos polvo y desesperados, sumidos en la impotencia al tener que gestionar las consecuencias de las adicciones. Son ellos quienes piden ayuda para sus seres queridos y para ellos mismos.

El caso de Oscar. «Tengo un hijo *trader...*»

Tras unas vacaciones de verano, llegan a la consulta dos elegantes señores de mediana edad por un problema relativo a su único hijo, un treintañero llamado Oscar. Cuentan que este había sido siempre un muchacho respetuoso, educado y muy atento para con ellos. Desde hacía algún tiempo, sin embargo, había empezado a manifestar desasosiego, nerviosismo, ensimismamiento, inapetencia; y en los últimos meses evitaba incluso acudir al trabajo que tenía en la empresa familiar. Aquel joven se había convertido en otra persona, transformación que la madre atribuía a los negocios que su hijo hacía en internet y que no estaban yendo demasiado bien. El muchacho perdía mucho dinero con aquellas actividades que tenía en la red, pero era sobre todo el cambio de carácter lo que preocupaba a la señora. «Ya no es mi querido Oscar», decía. El padre estaba de acuerdo con ella y confesó: «Yo al principio estaba contento de que mi hijo se creara él mismo un trabajo en la bolsa; para nosotros podía ser un modo de hacer inversiones». Reconocía que el hijo tenía olfato y que él, al principio, lo apoyaba en su sueño. Ahora, sin embargo, aquel sueño se había desmoronado: el hombre declaraba, con gran pesar, que estaban viviendo una pesadilla de resultas de una burbuja financiera que había empezado en la bolsa de Shanghái y que había provocado una reacción en cadena en el resto de los mercados, llegando a su cénit en agosto de aquel año. El joven perdió, en poco más de una semana, casi veinte mil euros, parte de los cuales se los había prestado la familia con la promesa de que los devolvería en unos meses. Pero eso no ocurrió, sino que el hijo seguía pidiendo a sus padres dinero que él se jugaba y perdía. Al padre, no obstante, lo que más miedo le daba no era eso. Lo que le aterrorizaba de verdad era pensar que Oscar, en un intento de poner parches a la peliaguda situación en que se hallaba, hubiera contraído deudas con usureros o pudiera hacerlo. Y, por temor a que eso sucediera, seguía dándole.

Al indagar descubrimos que entre el padre y el hijo existía una *bonita* complicidad patológica. Además de entregarle a su hijo la mayor parte del dinero que se jugaba, el padre pasaba con él mucho tiempo delante del ordenador buscando información, tratando de entender la evolución de las bolsas, valorando posibles inversiones. El señor *sufragaba* al muchacho en la esperanza de recuperar el capital perdido, pero, con todas sus buenas intenciones, lo que estaba haciendo era *patrocinar el mal* del hijo, exactamente igual que hacen muchos padres con sus hijos drogodependientes. Este paralelismo les impresionó. Con el autoengaño de la inversión bursátil y la complicidad paterna, Oscar se estaba hundiendo cada vez más. A pesar de lo cual se negaba, como suele suceder en tales casos, a someterse a terapia. Según los padres, el muchacho decía: «Hago unas operaciones para recuperar lo que he perdido, y luego paro». Pero la recuperación se demoraba y las que tendrían que haber sido inversiones resultaban ser pérdidas. La situación, ya de suyo difícil, se complicaba con el paso de los días.

Nos pusimos a trabajar exclusivamente con los padres, reestructurando, como primera medida, el peligroso autoengaño de que Oscar *se ha creado un trabajo él mismo* y bloqueando, por tanto, *la ayuda que no era de ayuda*. La situación, sin embargo, dio un giro radical y empezó a cambiar una vez que los padres la hubieron metabolizado. Sobre todo al padre le costó muchísimo asumir que, lo que él consideraba un trabajo, era en realidad la trampa en la que había caído su hijo. El siguiente paso fue responsabilizar a Oscar. Los padres tenían que bloquear la ayuda cerrando definitivamente los grifos financieros. Oscar, a los pocos meses de aquella maniobra, retomó su antiguo trabajo en la empresa familiar. Además, aunque el padre no le había pedido nada en tal sentido, el insistió, de manera espontánea, en devolver el dinero que debía.

Antes de que nos despidiéramos, los señores admitieron lo difícil que les resultó cortar aquella ayuda que estaba perjudicando a su hijo, y reconocieron la utilidad de *observar sin intervenir*. Estaban contentos: gracias también a aquella fea experiencia, su niño se había convertido en un hombre.

RESUMIENDO

→ Internet ha hecho mayor el engaño y ha incentivado el ansia de tener, de poseer y de enriquecerse rápido.

→ Al auge de las apuestas en línea contribuyen el suspense propio de los juegos de azar y el fácil acceso que permiten las nuevas tecnologías.

→ Con la crisis económica han aumentado las apuestas en línea.

→ El *trading* por internet consiste en *jugar* en bolsa utilizando la red.

→ El *trading* por internet puede resultar más insidioso que los juegos de apuestas porque no crea sentimientos de culpa y reposa en peligrosos autoengaños tipo «Me creo, yo mismo, un trabajo rentable» o «Yo no juego; yo invierto».

→ El *trading* por internet parte de una base extremadamente racional. Con el tiempo, sin embargo, el componente emocional va ganando terreno hasta hacer perder el control.

→ El síndrome de las compras compulsivas por internet se caracteriza por un deseo compulsivo de comprar cosas que se concreta y facilita con esta herramienta tecnológica.

→ Muchas personas adictas a las compras por internet las describen como una *atracción fatal* que se caracteriza por tres fases: las fantasías sobre el objeto de deseo; la excitación de la compra y la descarga de las tensiones.

→ Hay muchos centros dedicados a tratar adicciones. En ciertos casos se trabaja indirectamente con los familiares, que están más motivados de cara al cambio.

7. HACE FALTA UN FÍSICO BESTIAL

Hace falta un físico bestial
para resistir los golpes de la vida,
lo que lees en el periódico
e incluso la mala suerte algunas veces.
[...]
Hace falta un físico bestial
porque somos barcas en medio del mar.

LUCA CARBONI

Ovidio cuenta en las *Metamorfosis* la historia de Narciso, un joven cuya belleza, comparable a la de un dios, fue la causa de su ruina. De esa leyenda deriva el término *narcisismo,* que es como se llama el trastorno de la personalidad caracterizado por un amor patológico a la imagen de uno mismo –y a la propia persona– que lleva a rechazar todo lo demás. El retiro social, la inadaptación, la incapacidad para entablar relaciones sentimentales estables, la concentración en uno mismo y en el propio cuerpo son aspectos típicamente narcisistas. Los mismos síntomas encontramos en los trastornos cuyo eje es la obsesión por el control de uno mismo y por la perfección de la propia persona, es decir, en los sujetos *enamorados* de ellos mismos y que presentan una fijación por su propia imagen.

La atención obsesiva del sujeto a su aspecto físico

Hegel (Morresi, 2009) afirma que «nada hay más profundo que lo que aparece en la superficie». Ocuparse del cuerpo en la idea de que este resulte agradable a la propia persona y al prójimo, prestar atención a lo que se usa y a lo que se come, permite afrontar mejor el paso del tiempo y las señales que va dejando. Del mismo modo que ciertos vinos mejoran con los años si se recurre a determinadas mañas, también el hombre, si se cuida, puede mejorar y tender a una mayor y sana longevidad. Cuando las atenciones se vuelven obsesivas, el vino se echa a perder. La persona, en cambio, enferma.

Creer que cabe alcanzar la perfección modificando el cuerpo constituye un autoengaño que alimenta la necesidad de corregirse y crea un círculo vicioso. El cuerpo se convierte, como si de un objeto se tratara, en un símbolo de estatus susceptible de ser modificado y exhibido incluso a costa de mortificarlo y sacrificarlo.

La preocupación de quien no puede soportar la menor imperfección física, la atención continua a lo que se consideran defectos corporales, pueden ser indicios de un problema psicológico si se convierten en la clave, en la *unidad de medida* del estado anímico, y llevan a la persona a reaccionar sometiéndose a constantes y repetidas intervenciones quirúrgicas, a un ejercicio físico excesivo, a dietas compulsivas, etcétera. La *dismorfofobia,* la *vigorexia,* la *dietadicción, hacer ejercicio en exceso* y la *botoxmanía* son trastornos con base obsesiva que se caracterizan por una excesiva atención al cuerpo y a la forma física. A pesar de que tales comportamientos son el síntoma social de un malestar puramente subjetivo, la influencia del contexto, de los dictados del mercado y de las políticas comerciales están haciendo que se difundan, cada vez más, también a nivel colectivo.

Dismorfofobia (trastorno dismórfico corporal)

¿Cuáles son las medidas ideales para un cuerpo? ¿Noventa, sesenta, noventa? ¿Qué determina que un rostro sea perfecto? En internet hay programas que miden la belleza.[1] Para la cara se calcula la distancia entre las pupilas –que debe ser un poco menos que la mitad de la anchura del rostro–, mientras que el espacio entre los ojos y los labios debe andar por un tercio de la longitud de la cara, midiendo dicha longitud desde el arranque del pelo hasta la barbilla. ¿Es el ajuste a tales cálculos lo que define si una persona es guapa y puede estar, por consiguiente, tranquila? Giorgio Nardone sostiene que todo defecto puede transformarse, si se vuelve del revés, en una virtud. No menos cierto es, sin embargo, que una preocupación obsesiva por la perfección hace a las personas dismorfofóbicas. Tratar de mejorar es algo sano y natural para el ser humano; pasa a ser un problema cuando el convencimiento que el individuo tiene de que es feo –o de que no es lo bastante guapo– impregna toda su existencia y le impide vivir serenamente. Las primeras señales de la dismorfofobia suelen presentarse en la adolescencia, pero se trata de un trastorno que también puede afectar a adultos: los *enfermos de juventud* quisieran alcanzar una edad que ya pasó, cosa que no solo hacen tratando de estar bien consigo mismos haciendo ejercicio físico o usando cosméticos, sino también recurriendo, cada vez con más frecuencia, a la cirugía estética.

El dismorfofóbico se mira continuamente en el espejo... o bien evita acercarse a él para no encontrarse con su propia mirada. Otro intento de solución típico consiste en que el sujeto

1 Por ejemplo, el *Thigh gap test* o el *Finger trap test*. Son programas, en efecto, con los que la propia persona puede medir su belleza.

pregunte a alguien –experto o no– para que le diga que no hay ningún problema y lo tranquilice. En ambos casos, se alimenta la obsesión. La atención excesiva a uno mismo y la constante reafirmación sobre el propio físico transforman la duda de un defecto en una certeza. A ojos de la persona dismorfofóbica, la intervención estética se convierte, con el paso de los días, en la única opción posible. Esa necesidad, asociada a la idea de que uno es feo, imperfecto, etcétera, y reforzada por esos machacones mensajes publicitarios que proponen modelos de belleza a menudo falsos –retocados con cosméticos, con cirugía plástica o con programas de edición de imagen–, puede representar, sobre todo en personas todavía jóvenes y fácilmente influenciables, un peligro para el bienestar psicofísico. En una sociedad que parece premiar con éxito profesional y sentimental, y que tiene en buena estima a quien persigue el mito de la belleza y la perfección, tener la *manía* obsesiva de ser guapo no se considera un problema, sino que de hecho resulta casi obligatorio. En una persona que se ve a sí misma fea, el defecto (real o imaginario) crea un estrés emocional que se refleja a nivel relacional. Ese miedo y una escasa autoestima vuelven al sujeto inseguro, llevándolo al aislamiento y al rechazo del mundo.

La persona dismorfofóbica establece una correlación entre el defecto estético y el malestar que experimenta: por tal motivo, normalmente no pide ayuda al psicólogo, sino que se dirige directamente al cirujano plástico. La operación correctiva es la única solución que el individuo se plantea. En la mayoría de los casos, a la psicoterapia llegan solo cuando dan con cirujanos rigurosos y capacitados para entender que, detrás de esa petición que les hacen, hay un problema psicológico. En muchas otras ocasiones, a pesar de haberse realizado la intervención deseada, la obsesión sigue ahí y, además, surge la necesidad de efectuar intervenciones para mejorar otras partes del cuerpo. Delbon reconoce el riesgo de los efectos paradójicos que la cirugía plástica podría generar en el sujeto dismorfofóbico. Las propias intervenciones correctivas pueden empujar a pedir otras. Se pone en marcha una espiral de insatisfacción-satisfacción en la que siempre hay un defecto que corregir (una espiral que recuerda a lo que probablemente les ocurriera a Michael Jackson y a Teodora, la protagonista del caso que presentaremos al final del presente capítulo).

Vigorexia

Otra obsesión análoga es la vigorexia, o sea, la *fijación* por tener un tono muscular cada vez más pronunciado y marcado. Este trastorno se declina en masculino como *complejo de Adonis,*[2] mientras que en femenino recibe el nombre de *complejo de Lara Croft.*[3] Se trata de una conducta obsesiva y disfuncional, diametralmente opuesta al cuidado del propio aspecto y de la propia forma física, que son, en cambio, indicios de salud mental y de amor propio. En nuestra sociedad, el cuerpo musculoso se considera bello, se aprecia y es símbolo de virilidad, de fuerza, de salud, de dominio y de resistencia; de ahí que cueste asociar al vigoréxico con un drogadicto. Más allá de las apariencias, sin embargo, el primero sufre todos los síntomas de la abstinencia cuando no puede satisfacer su necesidad. Siente, en efecto, que experimenta placer y tiene el control solamente cuando está

2 H. Pope, K. Phillips y R. Olivardia (2000) ofrecen una definición del *complejo de Adonis*. En la mitología griega Adonis, mitad hombre y mitad dios, era el *summum* de la belleza.

3 Así se llama la musculosa heroína de videojuego interpretada en las pantallas por Angelina Jolie.

en el gimnasio, colocado frente al espejo, haciendo sus ejercicios. Cuando está lejos de sus aparatos, la idea de que está perdiendo tiempo útil le produce angustia, lo oprime, lo impele a volver cuanto antes al único lugar donde es posible realizar su sueño. El vigoréxico está atrapado en un círculo vicioso que mantiene la patología. Este sujeto desarrolla una auténtica adicción al *fitness* que lo lleva a desatender amistades, vínculos familiares, cualquier interés que trascienda el ámbito estricto de la actividad física y de la atención al cuerpo. Cuando está lejos del gimnasio –y, en ciertos casos, también durante los entrenamientos–, su pensamiento obsesivo de no estar todavía como él quiere, o bien el temor a no lograr asimilarse a la imagen que toma como referencia, lo hacen sumirse en un estado depresivo. Por eso aumenta las dosis de ejercicios, de fármacos y de todo aquello que, según él, puede permitirle alcanzar el resultado que se ha grabado en la mente. Y eso hace que aumente también la distancia respecto del mundo y su acerrojamiento.

Esta patología atrae la atención del adulto cuando el Adonis o la Lara Croft son muy jóvenes. La preocupación no se expresa por el problema en sí mismo –que probablemente no se haya identificado–, sino cuando se ven afectadas esferas de la vida como el trabajo, el estudio, la amistad o el amor. El adolescente que se dirige al *precipicio,* queriendo alcanzar su ideal de perfección física, continúa con sus prácticas y las incrementa, apunta a conseguir el máximo (el físico bestial) con el mínimo (en términos de tiempo y de esfuerzo). A lo largo de tal recorrido sucede que se forma y/o se aumenta la obsesión por el ejercicio excesivo y por determinados alimentos, así como por el control del peso en la báscula y de la apariencia frente al espejo. Pero ese es un camino sumamente fatigoso y, llegado a un punto, el joven en cuestión podría encontrar un atajo por indicación de un *colega* de músculos más gordos y/o buscando información en internet. Tales encuentros podrían abrirle mundos nuevos. El problema se agrava cuando a la obsesión por el ejercicio físico y las rígidas dietas hipocalóricas e hiperproteicas se añaden fármacos para aumentar el volumen de la masa muscular. El vigoréxico arquetípico toma, en efecto, de manera regular anabolizantes: desde los menos peligrosos, que son de tipo proteico (usados por el 34,7 por ciento de los 2793 muchachos del estudio de la revista *Pediatrics)*, hasta los peores, que son de tipo esteroideo (usados por el 5,9 por ciento). Los anabolizantes, los esteroides, los antiestrógenos, el GHB, etcétera, son productos químicos que, ya desde las primeras tomas, hinchan de manera sumamente vistosa los músculos..., pero con igual rapidez generan un estado de adicción. El ardiente deseo que el adolescente tiene de ponerse, también él, como el culturista al que idealiza, además de distorsionarle la percepción, le hace fijarse solamente en uno de los dos aspectos recién mencionados, es decir, en el del engrosamiento muscular. Resulta fácil, así, que el jovenzuelo, que es demasiado severo siempre consigo mismo y carga ya, por consiguiente, con todo un bagaje de obsesiones, deslumbrado por los rápidos resultados iniciales que ha obtenido tomando los fármacos, se deje llevar ingenuamente por el entusiasmo. Pero pronto va a encontrarse, por la ingesta de sustancias, con un físico desproporcionado y sometido a *varias adicciones a la vez*.

Dietadicción

Muchas personas se asustan solamente de pensar en *ponerse a régimen;* otras, en cambio, no saben vivir sin hacer una dieta. Obviamente el mercado, que está siempre atentísimo, no deja escapar el negocio. En todos los medios de comunicación se publicitan dietas de los más diversos tipos y para toda clase de personas, e internet está lleno de sitios que proponen las dietas más disparatadas y *diet tracking apps*.[4] Con las herramientas tecnológicas, la obsesión encuentra un terreno más fértil todavía y se exacerba.

Los *dietadictos* experimentan la necesidad de seguir un régimen bien definido para sentir que ellos tienen el control. Se someten a dietas alimentarias restrictivas y a renuncias para recuperar el control sobre su propia forma física y sobre la comida, pero, cuando efectivamente han recobrado el control, en seguida lo vuelven a perder. El malestar que el fracaso les genera sienta las bases del siguiente régimen (el mismo u otro), que a su vez es puntualmente transgredido tras un periodo de rígida observancia. Como ocurre con todos los sujetos que sufren adicciones, los adictos a las dietas también desconocen el término medio. Nardone, Verbitz y Milanese (2002) califican de «yoyó» a las personas obsesionadas con las dietas. Bloqueadas en ese círculo vicioso, alternan periodos en los que pierden muchos kilos porque respetan rigurosamente el régimen dietético, con periodos de alimentación descontrolada en los que recuperan el peso perdido (con intereses). Semejante proceder pone de manifiesto que la estrategia de seguir una dieta rígida es una solución intentada fallida que contribuye al mantenimiento del problema. Según Nardone (2009), el error que tienen en común gran parte de las dietas reside en que intentan controlar demasiado la comida, siendo precisamente ese el mecanismo que conduce, de manera espontánea, a la pérdida del control, pues, cuanto más se nos niega cualquier cosa, tanto mayor será el deseo de transgredir. De ahí que sea mucho más probable que

4 Es decir, aplicaciones que ayudan a dar seguimiento a la evolución de las dietas.

la persona, si se impone no ceder a las tentaciones de la gula, se descubra transgrediendo sin mesura ni control. El maestro de la Terapia Breve Estratégica sostiene, así, que la única dieta que de verdad funciona es la que él llama *dieta paradójica.* Y tal dieta contempla una única regla fundamental: permitirse solo aquello que más guste, pero hacerlo exclusivamente durante las tres comidas principales: desayuno, almuerzo y cena.

Hacer ejercicio en exceso

El entrenamiento excesivo (el *over-training)* está en las antípodas del sedentarismo. Los ejercicios físicos –correr, bailar, montar en bicicleta, trabajar con máquinas, etcétera– se vuelven intensos y obligatorios hasta el punto de convertirse en una obsesión. El autoengaño típico del adicto al ejercicio es la ecuación «Mayor ejercicio = mayor bienestar». Pero no funciona así, porque el entrenamiento excesivo provoca una acumulación de cansancio psicofísico y una caída general del rendimiento. Cockerill (2002) distingue entre una persona sana, apasionada y con buena salud, y una persona adicta al ejercicio físico. En el primer caso se verifica una organización del ejercicio en función de la vida que se lleva; en el segundo, por el contrario, es la vida que se lleva lo que se organiza alrededor del ejercicio. La psiquiatra Klein (2004) identifica dos tipos de adicción al entrenamiento físico: la *adicción primaria,* que empuja a las personas a llegar al máximo de su rendimiento y de su forma física; y la *adicción secundaria,* típica de las anoréxicas que se someten a extenuantes ejercicios físicos en el contexto de su obsesión con la comida y con el control del peso.

Junto a las prescripciones relativas a la gestión de la alimentación, la dieta paradójica de Nardone (2007) plantea y pone de relieve otros aspectos que considera importantes, por ejemplo, el cuidado de la propia persona mediante la actividad física. Igual que en la elección de los alimentos, también en la elección de la actividad física el principio que debe guiar a la persona es el placer que se obtiene al realizar la propia actividad, por tratarse de un principio que favorece, de manera espontánea, la consecución de un importante objetivo: mantenerse en forma con placer.

La *botoxmanía*. El miedo a envejecer

En una sociedad como la nuestra, donde la estética importa tanto, las señales que en el cuerpo deja el paso del tiempo –las arrugas, el hecho de envejecer– dan miedo y pueden obsesionar. Por eso es frecuente que, a partir de los cuarenta años, empiece a haber largas sesiones frente al espejo para controlar el nacimiento y el avance de las arrugas y se compren cremas *milagrosas* para combatirlas. De un tiempo a esta parte, sin embargo, cada vez hay más personas que se plantean también la cirugía estética para intervenciones que consideran ligeras, por ejemplo, los *fillers* o rellenos (temporales si se usa el ácido hialurónico y permanentes si se utilizan prótesis subcutáneas) y el bótox (inyecciones a base de toxina botulínica). Antes eran las estrellas del espectáculo y algunas personas acaudaladas entradas en años quienes se sometían a tales operaciones. Hoy en día, por el contrario, al considerarlas intervenciones quirúrgicas menores y estar al alcance de cualquier bolsillo, son muchas las personas –incluso adolescentes que en absoluto las necesitarían– que hacen un uso preventivo de ellas, y llegan a abusar hasta el punto de volverse maníacas.

Dermatólogos de todo el mundo están dando la voz de alarma en distintois congresos, pues cada vez más adolescentes tienen miedo a envejecer, convirtiéndose por ello en carne de cañón de la *botoxmanía*. Como escribe el filósofo Gilles Lipovetsky (1987), «hoy la obsesión por uno mismo se manifiesta en el miedo a la enfermedad y a la vejez, más que en el frenesí del disfrute. Narciso actualmente está, más que enamorado de sí mismo, aterrorizado por la vida cotidiana».

La *selfimanía*. Hay que salir perfectos

Una de las últimas manías es el selfi: el autorretrato digital. Parece ser que el primer selfi se remonta, conforme hoy entendemos el concepto, a los primeros años del siglo XX, cuando la gran duquesa Anastasia Nikoláievna de Rusia dirigió su nueva Kodak Brownie hacia sí misma, sacándose una foto. Hoy esta práctica, que se ha vuelto viral, puede representar un problema si se vuelve compulsiva.

La Asociación Psiquiátrica Estadounidense ha reconocido oficialmente el trastorno de la adicción a los selfis, es decir, a los autorretratos efectuados con el móvil. Dicho trastorno se hace crónico cuando la persona tiene una obsesión por autofotografiarse, que la lleva a hacerlo sin consideración del lugar ni de la presencia de posibles obstáculos y/o peligros. Y un único selfi nunca basta: haciendo muchos, aumentan las posibilidades de conseguir la foto buena para colgar, que todos podrán ver en su web, en su blog, etcétera. Además, por si esto fuera poco, se pueden utilizar programas de edición de selfis que eliminan los defectos (estilizar rostros, quitar papadas, corregir narizones, borrar un grano que ha salido de repente y mil modificaciones más). Aunque se trate de meros retoques para salir perfectos y sin mácula, contribuyen igualmente a alimentar la obsesión por la estética e intensifican la percepción negativa de uno mismo y del propio cuerpo. Cada retoque confirma un defecto...

Los selfis son el último producto de una sociedad obsesionada también con la belleza y con la idea de la perfección. Algunos de los medios que se utilizan para difundir determinados mensajes –la televisión, las vallas publicitarias, los rótulos luminosos gigantescos, las revistas de papel cuché, etcétera– no tienen ningún problema, con tal de alcanzar su objetivo, en publicar imágenes retocadas por profesionales o por programas adecuados. Los medios de comunicación dictan, en efecto, cánones de belleza a menudo inalcanzables para el común de los mortales, que, si trata de acercarse al ejemplo de los modelos de esas fotos, solo puede acabar experimentando un profundo sentimiento de insatisfacción y desilusión.

Decía Oscar Wilde: «Solo la gente superficial se niega a juzgar por las apariencias. El auténtico misterio del mundo es lo visible, no lo invisible». El problema es que, cuando la apariencia se convierte en nuestro único modo de ser y de medirnos con la realidad, se transforma en adicción. Es importante distinguir entre un cuidado sano del propio aspecto y una obsesión patológica que impone sus reglas y oprime a la persona. En estos casos, la belleza pierde su fuerza: lejos de ser una fuente de bienestar, se convierte en una tortura.

El caso de Teodora. La dismorfofobia a la manera de las cajas chinas

Teodora era una mujer de unos treinta años con cuerpo de modelo, pelo azabache liso y rostro de facciones definidas iluminado por una intensa mirada tras la que se filtraba tristeza. No conseguía disfrutar de la belleza que la naturaleza le había regalado porque, mirándose en el espejo, no se gustaba. Decía que, desde los quince a los veinticuatro años, su vida había sido una pesadilla por culpa de su horrenda nariz. Cuando alcanzó la independencia económica, se sometió a la intervención rinoplástica que tanto deseaba. Pero seguía insatisfecha y sin gustarse. De hecho, aseguraba encontrarse peor que antes, pues, con la nueva naricilla, los pómulos se le hacían demasiado anchos y parecía un monstruo, por lo que, si quería ser feliz, tenía que modelarlos. Es decir, para ella, la solución pasaba por una nueva operación. El cirujano al que acudió había tratado de disuadirla también de la intervención primera –la de la nariz–, pero sin éxito. Frente a la nueva petición –que a todas luces se le antojó excesiva–, la ética profesional frenó del todo al médico, que desde la primera vez había contemplado la posibilidad de que allí hubiera un trastorno de naturaleza psicológica. Aquel especialista, en lugar de proceder con la intervención –que tampoco descartaba–, aconsejó una consulta psicológica preliminar.

Era un caso claro de dismorfofobia. Mediante el diálogo estratégico, Teodora cobró conciencia de que la obsesión y su descontento, a diferencia de lo que ella se esperaba, no habían disminuido tras la primera intervención, sino que habían aumentado. Y, así, era legítimo pensar que otro tanto pudiera suceder tras la nueva intervención. Aquella hermosa señorita, inicialmente tan segura de lo que deseaba, empezó a reflexionar y a poner en duda sus certezas. Para la sesión, aquello era suficiente. El gran trabajo, sin embargo, iba a tener que hacerlo en casa. Para circunscribir su obsesión y poner coto a las continuas visitas al espejo, se le prescribió un *chequeo estético:* tres veces al día, Teodora tenía que realizar ante el espejo un barrido de su cuerpo de la cabeza a los pies e ir dando notas, de cero a diez, a cada una de sus partes. Llevando a cabo aquella operación tendría que descubrir, además, el resto de taras susceptibles de corregirse. Semejante prescripción suscita una reacción paradójica: la búsqueda de aquello que tendría que ser el defecto genera aversión. A Teodora le impresionó darse cuenta, en la sesión, de que los comportamientos a los que ella recurría para estar bien, en realidad, le estaban haciendo empeorar. Tras la corrección de la nariz encontró, en efecto, la nueva tara. En aquel momento era evidente que sus certezas se tambaleaban. La tarea prescrita fue desmontando paulatinamente la obsesión. Además, el contacto cotidiano con su propio cuerpo terminó por reestructurar la percepción distorsionada de su propia imagen. Igual que ocurre con el resto de las obsesiones, también con estos trastornos se procede, en la terapia, conforme a la lógica de agregar para reducir. Al ampliar la visión específica y focalizada, se consigue identificar aspectos de uno mismo que, de otra forma, se pasarían por alto.

Teodora, mirándose toda entera, empezó a apreciar la armonía de su rostro y de su cuerpo. En poco tiempo, aquella mujer recuperó una relación positiva con su propia imagen corporal y una serenidad consigo misma también cuando estaba entre los demás. Se liberó de la idea malsana y obsesiva de una belleza sin defectos que, como decía Henry Havelock Ellis (2007), es en sí misma un defecto.

RESUMIENDO

→ Vivimos en una sociedad obsesionada con la belleza y la perfección física.

→ La *dismorfofobia* es la preocupación obsesiva de una persona por la (im)perfección de su rostro y/o de su cuerpo.

→ La persona dismorfofóbica establece una correlación entre el defecto estético y el malestar que experimenta y a menudo pide ayuda al cirujano plástico.

→ Las propias *intervenciones correctivas* podrían poner en marcha una espiral de insatisfacción-satisfacción en la que siempre hay un defecto que corregir, como en el caso de Michael Jackson.

→ La *vigorexia* es la obsesión por tener un tono muscular cada vez más pronunciado y marcado, conforme a los mitos de Adonis y Lara Croft.

→ Los *dietadictos* experimentan la necesidad de seguir un régimen alimentario bien definido para sentir que ellos tienen el control; se convierten en un *yoyó* con el peso, pero también con el humor.

→ El *entrenamiento excesivo* consiste en la obsesión por el ejercicio físico intenso, que se convierte en una obligación moral.

→ El *autoengaño típico del adicto al ejercicio* es la ecuación «Mayor ejercicio = mayor bienestar», pero el cansancio psicofísico reduce el rendimiento.

→ Cada vez más jóvenes tienen miedo a envejecer, por lo que recurren con una frecuencia cada vez mayor a intervenciones estéticas menores o no tan menores.

→ El selfi es el último producto de una sociedad obsesionada con la belleza y con la idea de la perfección.

→ Somos más que un cuerpo, pero, cuando el físico se impone sobre todo lo demás, pasa a ser una obsesión.

→ Es importante distinguir entre un cuidado sano del propio aspecto y una obsesión patológica que impone sus reglas y oprime a la persona.

→ Una terapia resolutiva apunta a ampliar la visión de la persona que está obsesionada con su cuerpo y a añadir a su vida otros intereses.

8. ADICCIÓN A LA SOBRECARGA INFORMATIVA Y CIBERCONDRÍA

Estamos saturados de informaciones, pero desesperadamente ávidos de conocimiento.
JOHN NAISBITT

Internet nos ofrece una base de datos en línea, una biblioteca portátil. La World Wide Web (www) ha creado una extensión del cerebro, una *inteligencia artificial* a la que cualquier individuo puede acceder fácilmente. En 1999, Richard Stallman[1] declaró que «la red informática mundial tiene el potencial de convertirse en una enciclopedia universal que cubra todos los campos del conocimiento» (Brioschi, 2013).

Hoy en día ya no se trata de ningún potencial, sino de una realidad inventada. Piense el lector que la enciclopedia más moderna y visitada de nuestros días está en internet. A *Wikipedia* se accede con un clic: es inmediata e interactiva, está en constante actualización y cualquiera puede contribuir a enriquecerla. Semejantes características atraen, y, para quien siempre está atento a las actualizaciones, es fácil que se conviertan en una obsesión.

1 Es uno de los principales exponentes del movimiento del *software* libre.

Ávidos de saber. La adicción a la sobrecarga informativa

La adicción a la sobrecarga informativa –en inglés, *Information Overloading Addiction*– es un concepto para el que también se utilizan los términos de *infobesidad (infobesity;* Rogers *et al.*, 2013) o *infoxicación (infoxication;* Chamorro, 2016). El advenimiento de la tecnología de la información ha sido uno de los motivos principales de tal trastorno adictivo, sobre todo debido a su capacidad de producir de manera más rápida un número mayor de informaciones y difundirlas en tiempo real a un número de personas indefinido (Evaristo *et al.*, 1995; Hiltz y Turoff, 1985).

Para la estudiosa Kimberly Young (2000), esta adicción se manifiesta con una búsqueda extenuante y dilatada de datos que apunta a conseguir la máxima actualización posible navegando por la red. Esta autora identifica algunos síntomas de la adicción que nos ocupa: la necesidad irrefrenable de pasar horas y horas en internet buscando informaciones y actualizaciones; la incapacidad del sujeto para controlar, reducir o bloquear su propia actividad en línea; la prolongada exposición a la red, que genera problemas familiares, sociales y económicos.

Quien está enganchado a internet pasa días enteros saltando de una web a otra; experimenta un fuerte sentimiento compulsivo que se aplaca cuando empieza con las interminables búsquedas; desea apoderarse del mayor número posible de datos contenidos en la red. Un estudio realizado sobre una muestra de mil personas de distintas nacionalidades señala que más del 50 por ciento de los entrevistados investiga con tenacidad las informaciones presentes en internet y siente una excitación eufórica cuando encuentra lo que busca (Griffiths, 1997). Eso lleva a una sobrecarga –no solo de datos, sino también emocional– que, más allá de la satisfacción momentánea, genera, pasado un poco de tiempo –la cantidad varía según el nivel al que el consumidor haya llegado– una sensación de vacío y la necesidad de retomar la búsqueda y descargarse más archivos. Para estas personas, cualquier cosa que haya en línea se vuelve indispensable; de ahí que se descarguen varios documentos a la vez. La insatisfacción, sin embargo, persiste. De hecho crece...

Estas personas acumulan en los discos duros de sus ordenadores, y en memorias externas, todo tipo de datos: música, películas, videojuegos, informaciones de distintas clases, etcétera. El temor de perder esas informaciones aumenta tanto el deseo de poseerlas, como la necesidad de sobrecarga informativa. Y, si no fuera posible satisfacer esa necesidad, la persona se llena de angustia. Cuando incontables estímulos golpean la mente en un mismo momento, la capacidad valorativa se anula, pues el sujeto ya no logra discriminar y todo pasa a ser igual de importante: «Qué bonito es esto... No puedo dejar de tenerlo; debo descargármelo». Una cosa lleva a otra y, en poco tiempo –casi sin darse cuenta–, ya se ha caído en la trampa. Se pone en marcha un efecto en cadena que, en última instancia, vuelve a la persona bulímica de informaciones. El adicto, si no encuentra obstáculos, no interrumpe la sesión hasta que no le obliga algún síntoma físico como migrañas, problemas oculares, etcétera. La sensación inicial de vacío, sin embargo, sigue latente. Durante la actividad de búsqueda en línea, el hombre entra en simbiosis con la máquina. El profesor Vincenzo Caretti (2000) llama a este estado *trance disociativo con videoterminal:* se olvidan los quehaceres, no se hace caso a quien está alrededor, todo se vuelve secundario. Con el tiempo, la vida social de estas personas se reduce. Además, al sujeto lo abruma un sentimiento continuo y persistente de ansiedad y frustración: la dificultad –que se transforma en incapacidad– de despegarse del dispositivo tecnológico (ordenador, *smartphone,* tableta, etcétera.). Se activa un círculo vicioso en el que el individuo queda bloqueado, realizando esfuerzos que no responden a ningún designio. Tras la excitación llega el llamado «síndrome de fatiga informativa» *(Information Fatigue Syndrome)*. Se manifiesta con ansiedad, dudas, confusión, frustración y olvidos. La sobrecarga de informaciones ralentiza y empeora el proceso decisorio, hasta el extremo de provocar la parálisis de la capacidad de procesar los datos que se han reunido (Lewis, 1990). Cheri Speier (1999) afirma, en efecto, que podemos hablar de adicción a la sobrecarga informativa precisamente cuando la diferencia entre los *inputs* que llegan y la capacidad de procesamiento de la persona se ha vuelto lo bastante grande como para reducir la calidad de la decisión.

La duda puede ser el punto de partida o el punto de llegada de quien busca en internet de manera obsesiva. Puede ocurrir que una duda lleve a alguien a buscar información, o bien que las dudas se generen por el exceso de información recopilada. En estos casos se verifica la paradoja del asno hambriento[2] que, puesto ante dos montones iguales de heno colocados a la misma distancia de él, se queda mirándolos hasta morir de hambre por no saber cuál elegir.

El escritor estadounidense Nicholas Carr (2016) titula (y se pregunta en) uno de sus textos *¿Internet nos hace estúpidos?* La creciente adicción a internet, y lo fácil que resulta acceder a sus infinitos recursos, está afectando a nuestros procesos mentales de cara a solucionar problemas, retener información y aprender. La tendencia a contar con internet como recordatorio o *aide-mémoire* aumenta tras cada uso de la red. Se podría pensar que la memoria es algo que está en la cabeza, pero resulta que está convirtiéndose en algo que depende de agentes externos (Storm *et al.*, 2016). Las invenciones tecnológicas, cambiantes siempre, ahora

2 El asno de Buridán.

están cambiando el cerebro de quien las utiliza. Internet, en lugar de complementar determinadas facultades humanas, las está sustituyendo. A lo mejor también estas deberían incluirse entre las causas por las que esta adicción se está convirtiendo en un mal tan extendido e insidioso.

Cibercondría. El médico siempre a la mano

Una de las comedias más famosas de Molière es *El enfermo imaginario*. Argán –el protagonista de la obra–, con sus manías hipocondríacas, descolocaba a todos los médicos, que nunca conseguían darle una respuesta satisfactoria y la cura adecuada.

La hipocondría, cuando se apodera del enfermo, va haciéndose mayor con las preocupaciones de este, con sus temores y/o con su convencimiento (basado en la presencia de determinados signos que, al ser interpretados, se convierten en síntomas y en pruebas de una grave enfermedad). El aspecto más notable de este trastorno es la aterradora convicción injustificada de que se está enfermo, una convicción que ni siquiera cede ante los diagnósticos tranquilizadores de los médicos, cuyas opiniones se siguen en cualquier caso solicitando.

La cuestión es que, si antes el enfermo imaginario acudía a los distintos médicos y especialistas, ahora lleva a cabo sus pesquisas y análisis por internet. En el ámbito virtual encuentra respuestas variadas que, lejos de tranquilizarlo, en general terminan alimentando y confirmando sus miedos. Gracias a la tecnología, se tienen fácilmente y en cualquier momento a disposición tanto los diagnósticos como las curas; basta un clic directamente desde casa. A los hipocondríacos más ansiosos, poder monitorizar constantemente los distintos síntomas y tener respuestas instantáneas a las preocupaciones se les antoja una ayuda salvífica. Las múltiples aplicaciones sobre salud gratuitas y fácilmente descargables cumplen la función de tranquilizar a las personas, además de eliminar la necesidad de andar esperando en la consulta del médico. Tales herramientas permiten, en ciertos casos, hacerse un diagnóstico, enterarse de terapias y fármacos disponibles, tener un *médico* siempre a mano. El fácil acceso a los contenidos médicos en línea también puede transformarse, sin embargo, en una obsesión en toda regla. Si se utiliza de manera exacerbada, termina estructurándose un trastorno psicológico de tipo fóbico-obsesivo: el convencimiento de que se padece alguna grave enfermedad estimula la necesidad de encontrar informaciones tranquilizadoras.

Se conoce como *cibercondríacos* a los modernos enfermos imaginarios o hipocondríacos. El término *cibercondría* se utilizó por vez primera en 2001. En un artículo del periódico británico *The Independent* se hablaba de que «un uso excesivo de los sitios médicos de internet termina alimentando la ansiedad y las preocupaciones de los usuarios sobre su salud». Con el tiempo, muchas personas han reconocido –no solo los médicos– el peligro de esta práctica. Walter Kirn (2003), en su artículo «Let's Not Overanalyze This. Mind/Body Viewpoint» [No analicemos esto demasiado. La perspectiva mente/cuerpo], afirma que el autodiagnóstico es un juego disparatado. En Estados Unidos, ocho de cada diez personas confían en la red cuando están preocupadas por su estado de salud. Pero en la red no siempre está clara la fiabilidad de las fuentes, por lo que una persona que no disponga de conocimientos médicos y se halle en una situación de angustia podría incurrir con gran facilidad en interpretaciones erróneas y confundir fenómenos inocuos con presagios de muerte.

El hipocondríaco cibernético parte de la premisa equivocada de que lo aqueja una grave enfermedad; por eso cae en la ansiedad y se pone en marcha. Empieza su búsqueda intentando liberarse de la ansiedad y eliminando las dudas que lo abruman. Pero, por más que encuentre respuestas a sus preguntas, sus incertidumbres siguen aumentando y lo arrojan a una vorágine de preocupaciones. Aunque encuentre noticias reconfortantes, su necesidad incesante de certezas lo empuja a seguir navegando hasta dar con informaciones ambiguas que alimenten la creencia de que está enfermo (Nardone y Portelli, 2015; Nardone y Balbi, 2018). El hipocondríaco lanza, por tanto, una profecía que se autocumple: empieza a sentir lo que lee en las webs, y las pseudoconfirmaciones lo inducen a perseverar en sus pesquisas (soluciones intentadas). Lo hace con la esperanza de encontrar nuevos datos que puedan impugnar sus preocupaciones y eliminar su miedo –las incertidumbres, las dudas–, pero los pensamientos de que lo aquejan graves enfermedades persisten.

El *cibercondríaco* percibe lo que siente, o lo que ve, como síntoma de un tumor, de una enfermedad crónico-degenerativa, de problemas cardíacos, de VIH o de cualquier otra cosa sumamente grave. Es el miedo lo que induce al hipocondríaco (tradicional o cibernético) a insistir una y otra vez en las *soluciones intentadas fallidas,* entre las cuales la más frecuente es la consulta de sitios médicos y foros sobre la enfermedad imaginaria; la tendencia a hablar continuamente de las preocupaciones y de los temores que se tienen con familiares, amigos y compañeros de trabajo, pero también en las redes sociales; una excesiva atención a los síntomas, incluso a los más leves; la puesta en práctica de conductas compulsivas preventivas por miedo a empeorar –evitar el café, el estrés, etcétera–, o bien de conductas compulsivas reparadoras para mitigar la supuesta afección (colutorios, remedios desintoxicantes, plegarias y otros ritos, etcétera). Pero tales intentos de solución terminan generando una mayor preocupación y fortaleciendo la obsesión y la creencia subyacente. Para el *cibercondríaco* –igual que para el hipocondríaco–, ningún razonamiento tranquilizador resulta lo bastante exhaustivo, ni siquiera si viene de la lumbrera a la que él profesa la más alta admiración (Nardone y Portelli, 2015). Imagine el lector qué ocurrirá si, de quien viene la respuesta, es de una herramienta sin alma... Los hipocondríacos cibernéticos encuentran, en efecto, un breve alivio tras efectuar sus extenuantes investigaciones, pero esa sensación se desvanece al presentarse la siguiente duda, que puede ser: «¿Habré descrito bien mis síntomas?», «¿Será una respuesta estándar?», «¿Tendrá una visión completa?», «¿Habrá tenido en cuenta todos los elementos?», «¿Será fiable?», etcétera.

Internet puede ser una fuente útil de información, pero, cuando se usa de manera inadecuada y se absolutiza –cuando se convierte en un oráculo que todo lo puede–, paradójicamente termina debilitando las certezas y fortaleciendo las vulnerabilidades. Nos hace olvidar que los convencimientos y las respuestas más importantes tenemos que buscarlos en nosotros mismos.

El caso de Danilo. Mi cuerpo enemigo

Cuando Danilo llegó a la consulta, tenía veintiún años. A pesar de su juventud, hablaba como un hombre experimentado. Estaba matriculado en el segundo año de Derecho, pero, por el lenguaje que utilizaba, parecía más bien un estudiante de Medicina. Llevaba varios años obsesionado con su estado de salud. Aunque todo el mundo le decía que era demasiado joven para tener determinados problemas, la vivencia que él tenía de su cuerpo era la de un enemigo amenazador. Contaba que, en los últimos años, venía notando en su organismo un funcionamiento anómalo que no daba signos de remitir. El primer síntoma que recordaba haber tenido era la lacrimación ocular, que él interpretó como indicio de un tumor en el ojo izquierdo. Luego vio que se quedaba sin aliento, de lo que infirió que tenía tuberculosis o alguna afección pulmonar. Después llegó el temblor de las piernas, que le hizo pensar en la esclerosis múltiple. Cuando vino a la consulta, refería un dolor persistente en el pecho que sentía de manera particular por la mañana. Desde su punto de vista, aquello era la señal de un infarto. A Danilo le sucedía incluso que, por la noche, se levantaba aterrorizado y, tratando de calmarse, consultaba al *doctor* Google. En esa misma época, para monitorizar su situación se había descargado en el *smartphone* una aplicación médica que medía el ritmo cardíaco.

Con Danilo, aunque fuera un *cibercondríaco,* se trabajó conforme al protocolo que utilizamos para la hipocondría clásica. En una primera fase, se ayudó al joven a interrumpir ese círculo vicioso de la búsqueda de la certeza que alimenta la incertidumbre. El paciente, interrumpiendo los intentos de solución –no yendo a buscar en internet y/o en libros, no preguntando a médicos ni a parientes–, ya después de unos días se siente más libre, menos ansioso y menos agobiado por su obsesión, un estado patológico que en Danilo se expresaba en forma de síntomas psicosomáticos.

Obviamente, el terapeuta tendría que evitar quitar hierro a la preocupación del paciente y sustraerse a la trampa de ofrecerle argumentos tranquilizadores o explicaciones racionales, cosas que en tales casos no logran calmar la duda irracional. La persona encontrará las respuestas y el conocimiento de sí misma observándose. Hay que invitar al paciente, por tanto, a efectuar una automonitorización médica. Ese chequeo que en estos casos se prescribe consiste en cinco citas diarias que han de tener lugar cada tres horas: a las nueve de la mañana, a las doce del mediodía, a las tres y a las seis de la tarde y a las nueve de la noche. Entre medias, el paciente se comprometerá a evitar meterse en webs médicas, ir presencialmente al médico, hablar de su problema o examinarse y monitorizarse fuera de los momentos prescritos. Eliminando tales comportamientos y limitando los chequeos solamente a las horas predeterminadas, el paciente no solo recupera el control perdido, sino que, además, aprende a conocer de cerca y de verdad su propio cuerpo. De ese modo dejamos de alimentar la obsesión. Tras los primeros resultados, se somete a discusión la creencia de un cuerpo que no funciona como es debido y el sujeto adquiere una percepción nueva de su estado de salud, pero será únicamente con los chequeos cotidianos que el cuerpo enemigo se convertirá en un amigo.

RESUMIENDO

→ Internet se ha convertido en una extensión del cerebro, en una inteligencia artificial accesible y asequible.

→ La *adicción a la sobrecarga informativa* se manifiesta con una búsqueda extenuante y dilatada de datos que apunta a conseguir la máxima actualización posible navegando por la red.

→ La sobrecarga informativa ralentiza y empeora el proceso decisorio; provoca la parálisis de la capacidad de procesar los datos que se han reunido *(síndrome de fatiga informativa).*

→ Los *cibercondríacos* son los modernos enfermos imaginarios. Haciendo un uso excesivo de los sitios médicos de internet, alimentan su ansiedad y sus preocupaciones sobre su estado de salud.

→ Para el *cibercondríaco,* ningún razonamiento tranquilizador resulta lo bastante exhaustivo; no tardan en volver la duda y el miedo.

→ Es importante distinguir entre un conocimiento sano y una búsqueda insaciable e infinita que hace a la persona cada vez más vulnerable e insegura.

9. EL TRABAJÓLICO EN LA ERA DE LA TECNOLOGÍA DIGITAL

El objetivo del trabajo es ganarse el tiempo libre.
ARISTÓTELES

Se vive para trabajar

Chi non labora non fa l'amore («Quien no trabaja no hace el amor») es el estribillo de una vieja canción que Adriano Celentano presentó en el Festival de San Remo hace casi medio siglo. Puede que contara la verdad de aquella época; hoy en día las cosas son distintas y es posible que suceda incluso lo contrario. A lo mejor el amor actualmente no se hace porque se trabaja demasiado...

Hay personas que necesitan trabajar porque, de lo contrario, no se encuentran bien. Esas personas se convierten en esclavas y llegan a privarse casi por completo de su tiempo libre. Es como si de trabajar para vivir hubiéramos pasado a vivir para trabajar. Trabajar de manera excesiva durante un tiempo prolongado aunque no haga falta –solo para satisfacer una exigencia interna– puede ser indicativo de adicción. De adicción al trabajo, también llamada «trabajolismo» (en inglés, *workaholism).*

En la literatura especializada, el *trabajolismo* se considera una adicción en toda regla (Rohrlich, 1981; Albrecht *et al.*, 2007).

La primera vez que se habló de adicción al trabajo fue en 1971, en el texto *Confessions of a workaholic* [Confesiones de un trabajólico], de Wayne Oates (1971). El autor hablaba de la adicción que nos ocupa refiriéndose a una necesidad incontrolable de trabajar. El estudioso Mark Griffiths (1996, 2005 y 2011) observa que el trabajo pasa a ser una adicción cuando responde a los criterios típicos que se verifican en todas las demás adicciones, a saber:

- la *prominencia:* el trabajo domina los pensamientos, los comportamientos y las emociones;
- la *transformación del humor,* que puede ir desde la excitación a la fuga disociativa, pasando por la tranquilidad;
- la *tolerancia respecto a la cantidad* de tiempo dedicado al trabajo;
- la *abstinencia,* es decir, las repercusiones que el sujeto sufre cuando no puede trabajar o no tiene que hacerlo;
- los *conflictos y los problemas en las relaciones* con colegas, familiares y amigos.

Oscar Wilde decía: «Nos ha tocado vivir en una época en la que la gente es tan laboriosa, que se vuelve estúpida». Aunque se trate de un fenómeno que lleva años siendo objeto de debate, y aunque se esté convirtiendo en una auténtica esclavitud, lo normal es que, si alguien trabaja en exceso, no se quejen ni la propia persona que está secuestrada por su trabajo, ni su familia ni, menos todavía, la comunidad en la que vive. De hecho, con frecuencia se la anima (Oates, 1971). Thomas Ng y otros estudiosos (2007) han propuesto un modelo teórico que explica la adicción al trabajo como el resultado combinado de rasgos propios de la persona (necesidades, valores), experiencias socioculturales (aprendizaje social, cultura de la solvencia y de la competición) y refuerzos comportamentales (premios, incentivos). Considerando este enfoque, cabe suponer que tanto el clima de la organización en la que se trabaje, como el entorno doméstico puedan contribuir al desarrollo y a la persistencia del trabajolismo.

«El trabajo ennoblece al hombre». De ahí sale otro autoengaño

Voltaire decía: «El trabajo aleja de nosotros tres grandes males: el tedio, el vicio y la indigencia». A los niños, desde pequeños, se los anima a trabajar y se les suele repetir: «Camarón que se duerme se lo lleva la corriente». En cuanto a los adultos, ¡ay de quien se atreva a no suscribir aquello de que «el trabajo ennoblece al hombre». La mayoría cree que encuentra el sentido de la existencia en su actividad profesional o en sus frutos. En resumen: una sociedad como la nuestra ofrece todas las condiciones necesarias para el trabajolismo. Aunque no se reconozca oficialmente, la actividad laboral puede convertirse en un problema cuando absorbe todos los pensamientos de la persona hasta hacerse con las riendas de sus acciones cotidianas. El trabajador que se dedica en cuerpo y alma, desatendiendo muchas de las cosas que tiene alrededor, se autoengaña si cree que está haciendo lo *justo y necesario;* antes o después, como no rectifique, está destinado a quemarse. Se convierte en un fantasma, pues únicamente se siente vivo en el entorno en el que muere.

Spence y Robbins (1992) distinguen dos tipos de trabajólicos: los *entusiastas* y los *no entusiastas.* Los trabajólicos entusiastas están altamente involucrados en su labor profesional: los mueve una compulsión interna que encuentra gran placer y contención en el trabajo. Se trata de individuos satisfechos, enamorados de su profesión, en la que creen y a la que consideran su razón para vivir. ¿Recuerda el lector al antihéroe Gordon Gekko[1] de la película *Wall Street,* de Oliver Stone? Este sería el prototipo de persona que, por el contrario, ha dejado a un lado sus principios. Hay estudios empíricos que apuntan a que una serie de rasgos de personalidad como pueden ser la motivación para el éxito, el perfeccionismo, la meticulosidad (Andreassen *et al.*, 2010) y la llamada «autoeficacia» (Ray, 1979) predisponen significativamente a la adicción al trabajo (Mazzetti *et al.*, 2014). Los directivos, los profesionales liberales, los expertos, ciertos tipos de trabajadores autónomos –por ejemplo, los artesanos– o los empresarios tienen una mayor propensión a pasar mucho tiempo trabajando (Snir y Harpaz, 2004). Estas son las categorías profesionales que con mayor frecuencia ambicionan el éxito, tienen sed de dinero o están ávidas de poder y reconocimiento. Son las fuentes que alimentan el círculo vicioso que mantiene a flote el entorno que refuerza sistemáticamente determinados rasgos de personalidad y, al mismo tiempo, expone gravemente al riesgo de volverse adicto al trabajo (Ng *et al.*, 2007). De manera que esa ecuación de «trabajo = riqueza y notoriedad» que suele asociarse con la felicidad se convierte en falsa premisa que, a través de una lógica verosímil, lleva a conclusiones erróneas.

El trabajólico no entusiasta también pasa un número exagerado de horas en el trabajo. Sin embargo, a diferencia del primero, no logra encontrarle el gusto a lo que hace. Es como si experimentara sentimientos enfrentados y ambivalentes: ama y al mismo tiempo odia su trabajo. Quien entra en esta segunda tipología presenta una mayor rigidez, tiende al perfeccionismo,

1 Personaje protagonista de la película *Wall Street* (1987), de Oliver Stone; interpretado por Michael Douglas. Gordon Gekko es un agente bursátil especulador que elogia la avidez en todas sus formas.

es excesivamente ambicioso, se plantea metas poco realistas y a menudo padece un estrés y una ansiedad que traslucen en síntomas físicos (Alexander-Stamatios *et al.*, 2005). El trabajólico no entusiasta no alcanza su objetivo, por lo que su orgullo y sus certidumbres son sustituidos por la perenne esperanza. A semejanza de Sísifo[2] –condenado al sudor y a la fatiga eternos–, quien trabaja sin entusiasmo se siente constreñido, vive su actividad laboral como un castigo que hay que resistir.

A ambos tipos de trabajadores los obsesiona el pensamiento del trabajo, y ambos actúan compulsivamente cuando realizan actividades relacionadas con este. Pasan a ser, de hecho, una misma cosa con su trabajo y llegan al extremo de sacrificar afectos y relaciones, y de sacrificarse a sí mismos. Trabajan, pero el precio que pagan es bien caro...

El trabajo potenciado por las nuevas tecnologías

Las influencias educativas y las expectativas sociales, en complicidad con el desarrollo de las nuevas tecnologías informáticas, propagan la difusión de este trastorno. Con las nuevas tecnologías, que le permiten acceder al trabajo las veinticuatro horas, el *estajanovista* puede acallar sus sentimientos de culpa y, en un primer momento, tiene la impresión de que está mejor (Schieman, 2015). La ilusión de control anula la capacidad de calibrar los riesgos, incluso en detrimento del bienestar físico, de la vida privada y de las relaciones sociales.

2 Sísifo, cuando llegó la hora de su muerte, le pidió a Perséfone que le concediera aún tres días de vida para organizarse un funeral digno de un rey. Al llegar a Corinto, sin embargo, ignoró la promesa que había hecho. Hades entonces lo condenó a subir una roca enorme siempre por la misma ladera. El *trabajo* de Sísifo indica una labor inútil y agotadora con pocos resultados.

Con las nuevas tecnologías desaparece el lugar de trabajo, que establecía un límite entre la esfera laboral y la esfera personal y familiar. El ordenador, el *smartphone* y la tableta, ininterrumpidamente conectados a la red, permiten a cualquiera estar trabajando siempre y en cualquier sitio, y estar al día e informado en tiempo real (Ng *et al.*, 2007). El trabajo se convierte en un lugar metafísico o virtual en el que refugiarse también en aquellos momentos en que sería mejor concederse el merecido tiempo libre para disfrutar y dedicarse a los vínculos afectivos, al descanso, etcétera. Dejar el trabajo en la oficina y no seguir ejerciendo los mismos cometidos en casa permitiría un mayor bienestar (además de un aumento de la productividad y unos niveles de eficiencia más altos). Con los medios tecnológicos siempre al alcance de la mano, sin embargo, es difícil evitar la tentación de mirar el correo electrónico y/o no contestar a llamadas de trabajo. La casa, que es un lugar destinado al descanso y a las relaciones afectivas, con el teletrabajo[3] se convierte en una delegación de la oficina (Sonnentag y Fritz, 2010). Paradójicamente, el uso de la tecnología que tendría que habernos facilitado la vida, en realidad a lo que nos ha llevado es a vivir en un constante apuro. La respuesta puede y debe ser inmediata, no caben excusas: los *smartphones* notifican inmediatamente la llegada de SMS, correos electrónicos y puestas al día.

Actualmente hay disponibles diversas aplicaciones que prometen al usuario mejorar su trabajo y su estilo de vida. Es posible tener acceso inmediato a la información necesaria a cualquier hora y desde cualquier lugar (en la sala de espera del médico, en la oficina de correos...). Podemos aprovechar los tiempos muertos, ahorrar energías, evitar perder oportunidades, y estamos siempre localizables aunque hayamos salido de la ofi-

3 Trabajo que se realiza a distancia utilizando las redes de telecomunicación; véase «teletrabajo» en https://dle.rae.es/

cina. Qué maravilla, ¿verdad? Pues resulta que todo eso elimina las demarcaciones entre las diversas esferas de la vida, además de crear confusión. El día se convierte en la noche, el trabajo y el tiempo libre se entremezclan, el cliente se convierte en la persona con la que se cena... Lo único que se hace es trabajar.

Y eso genera otro autoengaño: «A mí se me da bien mi trabajo y, del resto de las cosas, que se encarguen los demás». Quien se dedica solamente al trabajo y desatiende el resto de los asuntos puede llegar a interiorizar la idea de que él no tiene por qué hacer las otras cosas, o incluso de que es incapaz de hacerlas –jugar con los hijos, ayudar en casa, hacer actividades deportivas, tener aficiones, verse con otras personas que no sean únicamente los compañeros de trabajo...–, y por eso las aplaza o las evita (Ng *et al.*, 2007). ¿El resultado? La creación de un círculo vicioso que hace a la persona cada vez más incapaz, y para colmo se forma la creencia de que el *no trabajo* –esto es, cualquier cosa que exceda el ámbito en el que la persona sea experta– es algo que no merece la pena hacer porque representa una pérdida de tiempo, o bien porque es mejor que lo haga quien esté más capacitado. Y, con ese autoengaño, el trabajo se va convirtiendo, cada vez más, en el único refugio y en la actividad que se privilegia.

Trabajar demasiado abusando de las nuevas tecnologías no solamente produce una forma de adicción a las herramientas tecnológicas que se utilizan, sino que, además, a largo plazo reduce el rendimiento (tanto desde el punto de vista cualitativo, como desde el cuantitativo). Diversos estudios muestran, en efecto, que la sobrecarga de trabajo genera una fatiga mental que se traduce en la caída de la atención y de la calidad del trabajo (Gosetti, 2012; Gallino, 2011); también parece que provoca estrés y que la persona se desgaste o se *queme (burnout)*. Se pone en marcha un círculo vicioso: intentando hacer más –ir más allá del horario de trabajo–, se crean problemas físicos y profesionales.

Quien se encuentra enredado en semejante espiral se dice (ingenuamente): «Para salir de esta, tengo que hacer más». Pero eso lo lleva a terminar como la serpiente que se devora a sí misma.

Al leer estas líneas, muchas personas podrían *darse por aludidas;* probablemente haya quien se pregunte: «Amo mi trabajo y creo que se me da bien; ¿soy un trabajólico?». La intención de este capítulo es, en efecto, hacer reflexionar a quienes aman su trabajo y/o tratan de cumplir su misión de vida, para que el amor al trabajo no los lleve a olvidarse de sí mismos y/o descuiden a las personas a las que quieren.

El caso del ingeniero que iba a tope

Vinieron a la consulta dos adultos jóvenes, Massimo y Elisabetta –ambos de unos cuarenta años–, por un problema de pareja. La mujer decía que aquella era su última esperanza antes de pedir a su marido el divorcio.

Elisabetta, que parecía un volcán en erupción, afirmaba que «estar con este hombre, si antes era solo difícil, en la última época se había vuelto imposible». Y añadía con vehemencia:

> Mi marido se ha casado con su trabajo, no conmigo. Siempre está pegado al ordenador o al teléfono. Ya no come con nosotros, nunca viene con nosotros a ver a los abuelos o a las comidas familiares. [...] En agosto, cuando estuvimos una semana de vacaciones, se quedó casi todo el tiempo en el hotel, en la habitación. [...] Y cuando venía a la playa, estaba colgado de ese móvil maldito.

Es importante poner de relieve que, mientras Elisabetta describía la situación, Massimo respondía, aunque solo fuera brevemente, a varias llamadas telefónicas: «Estoy ocupado; luego te llamo yo». Massimo era ingeniero, socio de una famosa naviera con negocios por todo el mundo. Antes estaba siempre viajando, pero con el nacimiento de la hija había prometido estar más presente para verla crecer. A tal efecto había provisto todo lo necesario en casa, incluido un ordenador supertecnológico que le permitía atender consultas y resolver problemas técnicos a distancia. Se le daba muy bien lo que hacía. Daba la impresión, por lo que contaba, de que aquella empresa de la que formaba parte nunca habría podido llegar a ser tan grande sin él. Todos mostraban una altísima estima tanto hacia su persona, como hacia su labor. Su trabajo le daba muchas satisfacciones.

Todo iba viento en popa... hasta que empezó a tener problemas intestinales que, si bien en un primer momento el propio Massimo había subestimado, en los últimos meses se habían vuelto muy dolorosos e incapacitantes. Ante la presión de la esposa, terminó yendo al médico especialista, que le «ha quitado tiempo muy valioso». Tras realizar bastantes pruebas, le diagnosticaron la enfermedad de Crohn.[4] Nadie de su familia había tenido este problema, y, como, además, se trataba de un sujeto que ni fumaba, ni bebía, el médico descartó, tras numerosos exámenes y preguntas sobre sus hábitos de vida, el factor genético, se decantó en cambio por una etiología en cuya base estaría el estrés. Elisabetta dijo bañada en lágrimas: «No se da cuenta de que se está matando y de que así nos mata también a mí y a nuestra hija...».

Massimo reconoció que su esposa tenía razón: era consciente de que se estaba olvidando de sí mismo y estaba desatendiendo

4 La enfermedad de Crohn está extendida por todo el mundo y prevalece en los países occidentales. Se trata de una afección crónica intestinal que por lo general se manifiesta en el tracto gastrointestinal,

a su familia debido al trabajo, que ocupaba gran parte de su tiempo. Sin embargo, no entendía que su esposa no comprendiera su papel y las importantes funciones que desempeñaba en la empresa. Esto explicaba las frecuentes discusiones entre ambos. Elisabetta, con el tiempo, se había vuelto intolerante con su marido, con su ordenador y con cuanto tuviera que ver con su trabajo. Aseguraba que habían llegado a un punto en el que su esposo estaba ausente aunque se hallara en casa: que estaba siempre centrado en el trabajo y que, incluso cuando habría podido desconectar, él hacía por seguir conectado. Massimo, por su parte, no ocultaba que amaba su trabajo, pero con más tenacidad aún sostenía que amaba a su familia y que no la quería perder. De ahí que, a raíz de la amenaza de divorcio de su esposa, hubieran decidido pedir ayuda a expertos.

Dada la petición explícita de ayuda, la primera parte de la intervención se dedicó al restablecimiento de un sano equilibrio de pareja. Para ello, se aplicó el protocolo de tratamiento específico para los problemas de pareja relacionales (Nardone, 2006; Muriana y Verbitz, 2010). En tales circunstancias, se pide a los sujetos que dediquen media hora diaria al problema. La pareja debe concederse un espacio en el que a cada uno le tocará, durante un cuarto de hora, descargar todo eso que se va acumulando dentro de la persona y que, a menudo sin éxito, intenta guardarse para sí. Una vez calmadas las aguas, se les indica que, por lo menos una vez a la semana, vuelvan a tratarse de la misma manera que cuando eran novios.

En este caso, como teníamos delante a dos personas capaces y motivadas, a partir de los primeros encuentros ya empezó a percibirse claramente una mayor armonía. Estaban consiguiendo dejar de pelearse, así como salir de aquel mal paso reservándose, como pareja, *tiempo de calidad (quality time)*. Llegados a ese punto, Massimo pidió ayuda específica para su adicción al trabajo (también porque, durante un viaje en coche por la autopista, tuvo una crisis de ansiedad aguda que lo asustó muchísimo). En cuanto a su problema físico –la enfermedad de Crohn–, persistía, si bien en una forma muy atenuada; ahora sería cuestión solamente de aprender a vivir con ello. Massimo, cuando hubo entendido que había abusado del trabajo hasta convertirlo en la causa principal de sus malestares, pidió llevar a cabo sesiones que le permitieran gestionarlo sin que lo asfixiara. Fue capaz de dar un salto cualitativo después de cobrar conciencia de que en la vida, igual que en el trabajo, es el querer ir deprisa lo que termina ralentizando a las personas. A partir de ese momento, nuestra intervención se transformó en una especie de *coaching:* se le enseñó a gestionar la irrefrenable necesidad de hacer –a concederse el lujo de tomarse su tiempo, a saber ir despacio– y a valorar adecuadamente otros enfoques y a disfrutar de la vida. En esta segunda fase, guio nuestro trabajo esa máxima atribuida a Napoleón Bonaparte que dice «Vísteme despacio que tengo prisa».

RESUMIENDO

→ Cuando del *trabajar para vivir* se pasa al *vivir para trabajar,* podemos hablar de adicción al trabajo o *trabajolismo.*

→ El trabajo pasa a ser una adicción cuando ocupa un tiempo excesivo; domina los pensamientos, los comportamientos y las emociones; transforma el estado de ánimo; produce abstinencia, y crea problemas en las relaciones con colegas, familiares y/o amigos.

→ Spence y Robbins distinguen dos tipos de *trabajólicos:* los *entusiastas* y los *no entusiastas.*

→ El *trabajólico entusiasta* está altamente involucrado en su labor profesional y encuentra gran placer y contención en el trabajo.

→ El *trabajólico no entusiasta* tiende al perfeccionismo y no saca placer del trabajo.

→ Las nuevas tecnologías potencian la misión del *estajanovista,* que ahora puede trabajar en cualquier sitio y a cualquier hora.

→ Trabajar demasiado abusando de las nuevas tecnologías no solamente produce una forma de adicción a las herramientas tecnológicas que se utilizan, sino que, además, a largo plazo reduce el rendimiento cualitativo y cuantitativo.

10. LAS NUEVAS DROGAS. JUGAR CON LAS SUSTANCIAS

Cada generación encuentra la droga que necesita.
PATRICK JAKE O'ROURKE

¿Recuerda el lector el juego del *Pequeño químico?* Qué divertido resulta de niños experimentar y crear pociones mágicas con sustancias químicas inocuas... Pues bien, hoy en día los jóvenes se comportan con las *nuevas drogas* como si de pociones mágicas se tratara. Muchas de las *nuevas drogas* son, en efecto, sustancias químicas o biológicas ya probadas que vuelven a la escena, pero con el aliciente añadido de producirlas o combinarlas en casa. De manera que, en este ámbito, las novedades no solo afectan a las propias sustancias, sino también al mundo que se articula en torno a ellas. Concretamente han cambiado los siguientes aspectos:

1. El *enfoque del consumidor,* quien gracias a la tecnología cada vez con más frecuencia experimenta consigo mismo el elaborado compuesto químico, que por su parte resulta de la mezcla de fármacos y de otras sustancias más o menos legales, ingredientes que se adquieren en distintas webs comerciales que se indican en unas comunidades virtuales cuyos miembros están siempre a la última.

2. Los *lugares de trapicheo,* que ahora casi siempre son en línea o se sirven de internet.

3. La *potenciación de las composiciones de los nuevos preparados,* físicamente más tóxicos y susceptibles de acelerar el proceso de adicción.

En la adicción a las drogas, la transformación más relevante se ha producido en la relación que el individuo entabla con la sustancia: en las expectativas que tiene, en su visión y en su imaginario. Los medios de comunicación, que anuncian fármacos con superpoderes, contribuyen a la mistificación de las sustancias. El joven aprende que en casa tiene una especie de *panacea* en el armarito de las medicinas, o bien que puede comprar tales remedios milagrosos en el supermercado junto con el alcohol y las bebidas «energizantes» o «energéticas» (refrescos que no llevan alcohol, pero, en algunos casos, contienen verdaderos fármacos, o porcentajes altísimos de cafeína, teína o taurina). Los medicamentos de venta libre, el alcohol, los mejunjes con un nivel de alcohol bajo y otros productos como el tricloroetileno –que se usa de quitamanchas–, los pegamentos y los fármacos del tipo de los ansiolíticos, los antidepresivos o los analgésicos, se convierten, junto con otros ingredientes que se pueden comprar por internet, en las sustancias *gateway*[1] con las que los jóvenes pueden experimentar, sin necesidad de salir de casa, en las llamadas *laboratory kitchens* (cocinas laboratorio).

De manera que el nuevo consumidor es como si estuviera en aquel juego del *Pequeño químico,* y al principio prefiere *colocarse* corriendo pocos riesgos y con un coste reducido. El

1 También llamadas sustancias de acceso o de iniciación, es decir, con las que se abre la puerta a la adicción o arranca el camino hacia la misma.

hijo adolescente se va moviendo, sin que nadie lo moleste, entre su cuarto, el baño, la despensa, el garaje... Silenciosamente busca, con su portátil, el contacto que necesita, la receta, el fármaco, el producto químico, la sustancia que llegará a casa por correo con un envoltorio que no levante sospechas, parecido al de los *sticker cards*. Se va adentrando, como si de un juego se tratara, en una maraña cuyo peligro ignora o subestima. Algunos tienen el ingenuo convencimiento de que están a salvo de convertirse en adictos –o de perjudicarse la salud– únicamente porque las sustancias que consumen son legales. Se dicen: «Mucho daño no me hará; de lo contrario, no lo venderían. Y, además, si me lo hiciera, seguro que hay antídoto».

Junto a estas sustancias –que en cierto sentido preparan el terreno–, hay otras –las drogas tradicionales– que actualmente se potencian con determinadas sustancias de corte.[2] A pesar de que hoy en día es más fácil dar con ellos gracias a las tecnologías, los *camellos* siguen ahí; tal vez, frente a lo que ocurría antes, ahora trabajan más a domicilio, además de frecuentar los lugares de siempre: discotecas, bares, salones recreativos, colegios, etcétera. Parecerá una exageración, pero a veces puede dar la sensación de que las campañas de prevención han tenido el efecto contrario: lo cierto es que las drogas tradicionales siguen resistiendo al tiempo. Cabe la hipótesis de que los intentos para controlar la difusión de dichas drogas entre la población, para-

2 Se trata de sustancias añadidas a las drogas y con las que se engaña al comprador. Estas sustancias pueden ser *adulterantes* (sustancias psicoactivas añadidas para imitar el efecto de la sustancia ofrecida); *diluyentes* (sustancias inertes como la glucosa, la lactosa o el manitol, añadidas para aumentar el peso y/o el proceso de dilución de cara a la administración intravenosa); *excipientes* (sustancias inertes como el almidón y agentes aglutinantes, presentes sobre todo en las pastillas); *contaminantes* (sustancias químicas resultantes del proceso de producción, elaboración y transporte de las drogas; en general, no se trata de añadidos intencionados).

dójicamente, han puesto en marcha políticas que han favorecido esa misma difusión. En general, resulta ciertamente criticable la estrategia comunicativa adoptada. Ha sido ineficaz porque, con la intención de llegar a todo el mundo, se han utilizado mensajes estigmatizadores pasados por un lenguaje simple e inmediato como es el de los opuestos. Se habla, en efecto, de heroína y cocaína, drogas duras y blandas, químicas y naturales, legales e ilegales, etcétera. Quienes diseñaron tales mensajes, cometieron un error de cálculo: no tuvieron en cuenta el cambio sociocultural en curso, que rápidamente transforma los tiempos y los modos de aprendizaje. Los destinatarios, poco educados para reflexionar del modo convencional, han tergiversado el sentido de los mensajes: lo han simplificado más aún, estableciendo una dicotomía de *drogas malas* frente a *drogas buenas* y asignando al segundo grupo la rayita de coca, la pastillita de éxtasis, el inocuo porrito..., cosas que se consideran, todas ellas, distintas del peligroso *jaco* (la heroína).

Jordan Belfort, el protagonista de la película de Martin Scorsese *El lobo de Wall Street,*[3] resume del siguiente modo su estilo de vida: «Uso Trankimazin para concentrarme, Zolpidem para dormir, marihuana para tranquilizarme, cocaína para espabilarme y morfina porque es maravillosa». Parece que, quien ve en los estupefacientes una opción recomendable, los toma de la mañana a la noche: para empezar bien el día, para rendir debidamente en el trabajo, para controlar la comida, el sexo o el sueño, para conseguir lo que se quiere e incluso para tener éxito en las relaciones interpersonales. Pasan, sin mayor problema, de una droga a otra y cogen lo que ofrezca el mercado.

3 Película de 2013 que narra el auge y la caída de un *broker* neoyorquino sin escrúpulos en la jungla de Wall Street.

Los jovencísimos *abusadores* han aprendido a usar, en la línea del lobo de Wall Street, los *comedown remedies*,[4] con los que mitigan o disimulan los efectos más evidentes del abuso de algunas drogas antes de volver al hogar tras sus noches bravas. Y muchos son los que, para tratar los efectos secundarios de lo que han hecho durante sus salidas, últimamente están llegando a la heroína,[5] que toman junto con psicoestimulantes. Se la fuman quemándola en papel de plata, o bien la esnifan. Así sienten que no corren peligro: se convencen de que ellos no son unos drogadictos como *los que se pinchan*. Evitando el rito estigmatizado y degradante de la jeringuilla y no siendo la única sustancia que se consume, hasta la mismísima heroína parece una droga nueva, lo cual es completamente absurdo. Sin embargo, son muchos los que creen que una sustancia consumida de un modo es una cosa que se transforma en otra si el método de consumo varía. Quien así piensa desconoce que, en la fase de enamoramiento, la mayor parte de los heroinómanos la fuma o la esnifa. Los pinchazos llegan después, con el deseo de *colocarse* de otra forma.

Las nuevas plazas del *trapicheo*

Los jóvenes siempre han sido el *target* ideal de las organizaciones criminales que hacen negocio con las drogas. Las numerosas sus-

4 Sustancias que se venden sin restricciones, asociadas con vitaminas y sustancias bioquímicas no tóxicas. Dependiendo de los efectos que se quieran compensar, se distinguen el RU 21 (ácidos fumárico y succínico, L-glutamina y vitamina C) para la resaca de alcohol, el After E (extractos vegetales precursores de la serotonina) para los efectos del éxtasis, y el After C (L-tirosina, vitamina B6 y vitamina E) contra los efectos desagradables de la cocaína.

5 En los últimos años, la heroína ha entrado en las casas de los estudiantes y de los trabajadores, así como en los fines de semana de locura.

tancias tóxicas sintéticas y naturales que hay en el mercado se declaran ilegales cuando se ponen de moda y su consumo alcanza el cénit. Pero *hecha la ley, hecha la trampa*. El mercado, para continuar funcionando como si tal cosa, recurre a estratagemas: modifica levemente la estructura química de la sustancia impugnada y rediseña su morfología, pero deja inalterados –cuando no los potencia– los efectos que hacen que esa sustancia resulte igual –o incluso más fuerte– que las drogas controladas.

Las sustancias químicas se suelen preparar y embalar en laboratorios clandestinos ubicados en los lugares –los países europeos– en que se venden al por menor. Eluden los controles fronterizos con etiquetados engañosos que rezan cosas tipo «Sustancias químicas destinadas a la investigación y no al consumo humano», o bien «Sustancias químicas fertilizantes». Estas sustancias se venden en sitios web y en tiendas étnicas especializadas, cada vez menos en plazas o en sórdidos puntos de encuentro (donde, no obstante, sigue siendo posible encontrar a *camellos* bien provistos que tienen un poco de todo).

El Observatorio Europeo de las Drogas denuncia que las nuevas sustancias llegan a los consumidores a través de las *farmacias* de los narcotraficantes, que abren y cierran sus escaparates (sitios web) y trasladan sus sedes en un santiamén. La red, las aplicaciones y el internet profundo son nuevos escaparates para los *camellos,* además de un canal de difusión. Criptomercados de la droga abiertos las veinticuatro horas del día como pueden ser Silk Road (censurado), Evolution y Agora suministran, con un funcionamiento análogo al de mercados *on line* como e-Bay y Amazon, a *camellos* y consumidores una infraestructura digital para su comercio electrónico. En estos sitios es posible pagar con bitcóins –para preservar el anonimato–, beneficiarse de servicios como la valoración retrospectiva del vendedor y del comprador, y utilizar métodos de envío con seguimiento y un alojamiento web para los foros de discusión.

¡Qué *cool!* Del tabaco de liar al cigarrillo electrónico

El cigarrillo siempre logra mantener su fascinación, por más que pasen los años y cambien las modas. El cigrrillo rubio que la guapa y refinada Audrey Hepburn se fuma con esa larguísima boquilla en *Desayuno con diamantes* hoy ha dejado su sitio al cigarrillo electrónico. Pero ¿qué es eso del «cigarrillo electrónico»? En un blog[6] que parece que se dedica a las últimas tendencias, se publicitaba una marca de dicho cigarrillo. La publicación presentaba el producto en estos términos:

> Un artículo *trendy* y original, los atributos perfectos para convertirse en el *must* de las noches de verano; [...] un accesorio indispensable en el bolso de toda chica *cool* que no quiera renunciar al humo. [...] Está disponible en múltiples formas y colores para que combine con todos tus *outfits;* dejarás a la gente boquiabierta con estilo y llevándolo como un accesorio en toda regla. Las fumadoras más empedernidas ya estarán preguntándose si funciona, si verdaderamente sirve para dejar de fumar, si aplaca el afán de encenderse un cigarrillo. [...] Ofrece la indudable ventaja de que permite fumar incluso en los lugares tradicionalmente prohibidos (por ejemplo, en trenes o aviones). [...] Está a la venta con veintisiete aromas distintos y quien quiera puede crearse

6 A. Milanese, «DueNote, la sigaretta elettronica che si veste di stile», en *TheChiliCool Fashion Blog Italia.* Véase http://www.thechilicool.com/duenote-la-sigaretta-elettronica-che-si-veste-di-stile/

también su combinación de fragancias personalizada, para *vapear* tu cóctel preferido. Porque ahora se puede *vapear* con estilo gracias a... [nombre de la marca].

En un estudio aparecido en el *British Medical Journal* que se hace eco de un informe de los Centers for Disease Control and Prevention (CDC), se dice que el primer paso hacia la adicción a la nicotina por parte de los jóvenes es a través del cigarrillo electrónico. Primack y Sargent[7] han avanzado algunas hipótesis sobre los factores que preparan a los fumadores, en la adolescencia, para el salto del vapor del cigarrillo electrónico al humo del tabaco: a) la lenta liberación de la nicotina en el cigarrillo electrónico, que genera un acostumbramiento más paulatino e insidioso; b) la gestualidad del cigarrillo electrónico, que da la sensación de estar fumando un cigarrillo normal; c) la mayor tolerancia respecto a los cigarrillos tradicionales.

El cigarrillo, asociado a un modelo de *macho* en la década de 1950 y a la mujer emancipada en la de 1960, mientras que en las décadas de 1970 y 1980 se asociaba a la velocidad, al deporte y al progreso –muchas marcas de cigarrillos patrocinaban acontecimientos deportivos–, pasó a ser un icono en las mentes de muchos. A aquellas asociaciones mentales –que siguen poblando el imaginario colectivo– se oponía la guerra al tabaco. Pero, precisamente cuando empezaba a producirse un cambio en la percepción del cigarrillo –que por fin se iba viendo como algo obsoleto, de otra época–, resulta que ese mismo producto se vuelve a proponer bajo otra forma: llega al mercado el joven y novedoso cigarrillo electrónico, que promete la posibilidad de abandonar el viejo y disgustoso pitillo rubio con facilidad y

7 Profesor en la Geisel School of Medicine de Dartmouth y autor del mencionado estudio.

sin sacrificios, y para colmo garantiza placer a los sentidos y frescura a la imagen. Muchos esperan que pueda ser la solución definitiva al cáncer por tabaco...

¡Pues menudo chasco! Hemos seleccionado, de algunos estudios de Doxa,[8] dos datos sobre el tema. El primero es que el 77,6 por ciento de los fumadores de cigarrillo electrónico es consumidor dual, es decir, que fuma ora cigarrillo electrónico, ora cigarrillo tradicional. Y el segundo dato es que los no fumadores que se han convertido en consumidores duales de cigarrillos tradicionales y electrónicos son el 17,8 por ciento y, entre estos, el 10,7 por ciento se ha acercado por primera vez al humo a través del cigarrillo electrónico. Respalda este dato un experimento llevado a cabo con dos grupos de ratones a los que se sometieron a inhalaciones de cigarrillo electrónico y tradicional. La autora del experimento, Mariaelvina Sala,[9] observa que, en lo que se refiere a la absorción de nicotina –y a la subsiguiente adicción–, no hay grandes diferencias, salvo por una aparente menor abstinencia del cigarrillo electrónico. Pero esta estudiosa añade que,

> frente a estos datos positivos, se ha constatado un mayor aumento de la ansiedad y de los comportamientos compulsivos en el caso de suspensión del vapor de cigarrillo electrónico; y este fenómeno se observa incluso mucho después de la interrupción, lo cual indica que en el humo del tabaco y en el vapor del cigarrillo electrónico hay, además de la nicotina, compuestos hasta ahora no identificados que pueden provocar estas reacciones distintas. (Iannaccone, 2015)

8 http://www.quotidianosanita.it/studi-e-analisi/articolo.php?articolo_id=40231

9 Investigadora de farmacología y toxicología médica en la Universidad de Milán.

Todo lleva a pensar que el cigarrillo electrónico es una mera *solución intentada* (Watzlawick *et al.*, 2003) para dejar de fumar, la cual en muchos casos complica todavía más la adicción del fumador. Por otra parte, combatir el placer con el miedo –un miedo que aquí se intenta provocar con mensajes de muerte, con imágenes chocantes, con vetos o, según algunos, incluso con el prohibicionismo– tampoco es que dé muchos resultados, como ha quedado de manifiesto con las numerosas políticas *anti*. El placer vence al miedo, porque solamente puede derrotarlo un placer mayor. Y, así, mientras el humo –ya sea tradicional o electrónico– siga representando recompensa, estatus, transgresión, rebelión..., seguirá buscándose y mantendrá su carácter irrenunciable y su hechizo.

El caso de Sophie la sofisticada

Sophie era una joven y atractiva gerente muy atenta a su físico y a la imagen. Para eliminar sus entre tres y cinco cigarrillos diarios, se dejó enredar y *picó* en el cigarrillo electrónico. En la terapia nos dijo: «Aparte de que era un objeto de moda y bonito, me abría la esperanza de suprimir por completo ese feo hábito de fumar que había cogido cuando estudiaba en la universidad».

Vino a vernos cuando se dio cuenta de que había empeorado tanto con los cigarrillos tradicionales como con el cigarrillo electrónico. Decía: «Ahora casi todos los días me acabo el paquete de diez y ya no consigo controlar ni siquiera el impulso de *vapear*». Todos aquellos cigarrillos habían pasado a ser, para una mujer como ella, atenta a su imagen y modelo para sus empleados, «un auténtico engorro; hay que terminar con esto de una vez».

En la terapia, Sophie reconoció que el cigarrillo electrónico había sido un autoengaño disfuncional. Era un sustituto de los cigarrillos normales y del placer que solo estos le daban. El cigarrillo electrónico se había convertido en un intento de solución que había empeorado su adicción. El primer paso consistió en invitar a Sophie a *reconocer y aceptar* la idea de que el placer que le proporcionaba el cigarrillo de tabaco era único, y ningún cigarrillo electrónico podía hacerla sentir lo mismo. Así las cosas, tendría que evitar autoengañarse con el cigarrillo electrónico y coger un cigarrillo de tabaco cada vez que le entrasen ganas de fumar; tendría que renunciar al sustituto, que no le daba el mismo placer. Esta maniobra sigue la estratagema china de «mentir diciendo la verdad» y evita que se continúe recurriendo a autoengaños disfuncionales.

Luego se le pidió que *se observara*. Durante dos semanas, Sophie tenía que prestar atención a los tiempos y a los cigarrillos que se fumaba. Dicho de otro modo: tenía que medir cuánto tiempo transcurría entre pitillo y pitillo, para hacerse una idea de sus ganas de fumar. Y también tenía que fijarse bien en todos los cigarrillos que se fumaba a lo largo del día, tratando de entender cuáles le daban más gusto. De hecho, antes de la siguiente sesión, nuestra bella gerente iba a tener que prepararnos una especie de *ranking,* empezando por el cigarrillo *más rico* del día hasta llegar al que podría tranquilamente haberse ahorrado. Entonces propusimos a Sophie –como el lector ya se estará imaginando– que efectivamente suprimiera ese cigarrillo superfluo que se fumaba de manera mecánica y que no le representaba ningún sacrificio prescindir de él. En casos como este se programan sesiones cada dos semanas, identificando cada vez el correspondiente cigarrillo superfluo y eliminándolo. Esta maniobra caracteriza la fase inicial, cuyo objetivo es que el sujeto recupere el control perdido. Paralelamente, utilizando un lenguaje sugestivo, se va creando aversión a los cigarrillos y se va empujando al paciente hacia placeres más sanos. Una vez frenado el número de cigarrillos, el paciente tendrá que aprender a postergar el deseo. Y, cobrando conciencia de que es capaz, adquirirá confianza en sus posibilidades e irá tomando un control cada vez mayor sobre los cigarrillos.

RESUMIENDO

→ Las nuevas drogas son sustancias químicas o biológicas ya probadas que vuelven a la escena de manera distinta gracias a las nuevas tecnologías. Se potencian con el corte. Los medios de comunicación permiten encontrarlas con gran facilidad.

→ Las plazas de *trapicheo* son criptomercados digitales.

→ El joven consumidor es como si estuviera en aquel juego del *Pequeño químico* y se hace él mismo la droga que toma.

→ El cigarrillo electrónico promete la posibilidad de abandonar el viejo cigarrillo con facilidad y sin sacrificios. En realidad, complica la adicción al tabaco, porque se suma a ella.

11. INTERVENCIONES EFICACES Y EFICIENTES. LA TERAPIA BREVE ESTRATÉGICA

Conocer cómo funciona un sistema para hacerlo funcionar mejor.
GREGORY BATESON

Han sido muchas las investigaciones y los estudios que se han llevado a cabo sobre *nuevas adicciones*. Actualmente, entre las adicciones más insidiosas están las relativas a herramientas tecnológicas. El primer estudio sobre el tema se remonta a 1999 y se atribuye a la investigadora Kimberly Young, quien propone técnicas comportamentales orientadas a la toma de conciencia y a la recuperación del control. Otra modalidad terapéutica basada en la toma de conciencia son los *grupos de autoayuda*.

La mayor parte de quienes tienen alguna forma de adicción, aunque reconozcan lo perjudicial de sus comportamientos, sostienen que no consiguen hacer otra cosa porque la adicción es más fuerte que ellos. Los resultados clínicos están permitiendo constatar que las intervenciones más eficaces, en una prima fase del recorrido terapéutico, prevén instrumentos ad hoc que se van calibrando conforme a los recursos y a las dificultades del paciente. Los grupos de autoayuda, por tanto, podrían ir bien en una segunda fase, es decir, cuando el sujeto ya está fuera de la adicción. Entonces tales grupos representarían una fuerza que se suma a la que se construye en la terapia, y podrían ayudar a mantener los resultados obtenidos y el control sobre el comportamiento compulsivo.

¿Qué es la Terapia Breve Estratégica?

La Terapia Breve Estratégica (TBE) representa una suerte de *revolución copernicana* en el campo de la psicoterapia. Hunde sus raíces en las antiguas tradiciones helenas de la retórica de los sofistas, en el arte chino de la estratagema y en la Teoría de la Comunicación de la Escuela de Palo Alto (Mental Research Institute).

La evolución de la TBE ha sido impulsada por el profesor Giorgio Nardone, quien ha confeccionado protocolos de tratamiento específicos para distintas problemáticas. Es el resultado final de un laborioso proceso empírico-experimental llevado a cabo, a lo largo de más de veinticinco años, en el Centro de Terapia Estratégica de Arezzo, así como en las filiales que dicho centro tiene en diversos lugares del mundo. La evolución del modelo ha permitido que este, gracias a su formalización, resulte controlable, verificable y replicable en contextos y culturas diferentes. De hecho, la didáctica estratégica que del modelo se desprende pone de manifiesto su transferibilidad de una persona a otra y de un contexto a otro (Nardone y Portelli, 2015).

¿Qué hace que la TBE resulte eficaz y eficiente?

En primer lugar, la TBE no utiliza ninguna definición de *normalidad* o *patología,* sino que procede en términos de *funcionalidad* o *disfuncionalidad.* Por eso la TBE no condena el uso de las nuevas tecnologías, sino que las califica de perjudiciales y de problemáticas cuando pasan a ser disfuncionales e incapacitantes.

Las adicciones a menudo se consideran imposibles de superar. Los estudiosos del enfoque estratégico, sin embargo, en la medida en que heredan las enseñanzas de los *gigantes* de la Escuela de Palo Alto, asimilan que, «si existe un problema, existe una solución». Ese es el segundo punto peculiar de la terapia. Muchas veces un problema se percibe como algo imposible porque se sigue buscando en el sitio equivocado, como aquel borracho del que hablaba Watzlawick, que había perdido las llaves y las buscaba debajo de la farola porque era ahí donde había luz.

En la TBE no se buscan el *porqué* o las causas, sino que se intenta descubrir *cómo* funciona el problema en el aquí y ahora. Se indaga en aquello que se está haciendo para resolver el problema, es decir, en la *solución intentada fallida* que mantiene y exacerba el problema, lo que en el caso de las adicciones a menudo consiste en la abstinencia completa, medida que el *DSM*-5 identifica como un comportamiento sintomático y que efectivamente lleva a la recaída. Por ejemplo, si una persona que come desaforadamente decidiera ponerse a pan y agua –reduciendo drásticamente la calidad y la cantidad de la comida–, es altamente probable que, en poco tiempo, se viera invadida por el deseo y/o por las acometidas del hambre. De manera que el riesgo de incumplir los buenos propósitos aumentaría las posibilidades de pegarse un atracón. El sentimiento de culpa, sin embargo, no tardaría en reactivar el deseo de volver a intentar abstenerse. Y, así, la solución intentada sería, en realidad, una preparación para la recaída, formándose un círculo vicioso en el que se alternarían la abstinencia y el atracón desaforado (abstinencia → atracón desaforado → abstinencia), y el individuo se bloquearía en un bucle.

Otra solución intentada fallida muy común es el control que ejercen quienes están alrededor. Padres, parientes y amigos a menudo hacen, con la mejor intención, que el comportamiento que se quiere eliminar se vuelva, en cambio, más deseable.

Frente a ello, otra peculiaridad de la TBE consiste en la intervención ad hoc, es decir, diseñada a la medida del caso. Milton Erickson (1985) enseña, en efecto, que cada individuo es único e irrepetible, del mismo modo que lo son sus características y sus maneras de interactuar. También la interacción terapéutica tendrá que ser, por tanto, única e irrepetible. El terapeuta tendrá que adaptar la lógica de la intervención y el lenguaje terapéutico a las características específicas del paciente, cuya colaboración de ese modo aumentará y, con ella, el éxito de la terapia.

Terapia Breve Estratégica (TBE) y Terapia Cognitivo-Conductual (TCC)

Es frecuente que se establezca una asociación errónea entre la TBE y la TCC. Hay algunas semejanzas innegables entre ambos enfoques, pero las diferencias son sustanciales.

En ambos modelos se considera, en efecto, que el individuo es un constructor activo de su propia realidad y no una víctima indefensa de la misma. Ambos modelos se remiten a rigurosos protocolos de intervención basados en diálogos y en prescripciones terapéuticas. Ambos siguen, por último, un método empírico-experimental de cara a la validación de las técnicas y a la verificación de los resultados.

Las diferencias sustanciales tienen que ver, en cambio, con aquellos aspectos teóricos que repercuten en la práctica clínica. La TCC sigue la teoría del aprendizaje (las nuevas competencias se aprenden para modificar los comportamientos problemáticos y mejorar la adaptación), mientras que la TBE se remite a la teoría del cambio (se conoce el problema cambiándolo). En la TCC, el terapeuta guía al paciente a través de un proceso basado en la toma de conciencia y en el esfuerzo voluntario por aprender cómo gestionar el trastorno (Reda y Pilleri, 2013). Por eso, en los casos de adicción, la TCC podría resultar débil, porque en absoluto es raro que personas adictas, aun siendo conscientes, digan: «Sí, ya sé que [equis]; pero es que me gusta». Con la TBE, por el contrario, la voluntad del paciente no es indispensable, ya que es posible soslayar tal voluntad mediante estratagemas. La TBE utiliza estratagemas terapéuticas que crean auténticas experiencias emocionales correctivas a nivel perceptivo y comportamental. No es sino después, al poner en práctica las prescripciones, como el paciente cobra conciencia de lo que ha conseguido hacer, de sus capacidades. Y, a partir de ese momento, ya sí que puede y efectivamente utiliza, de manera deliberada y voluntaria, las técnicas que le habían sido prescritas (Nardone y Balbi, 2018; Nardone y Portelli, 2014). A nivel metodológico, la TCC prevé adquisiciones de conocimiento progresivas y lineales. La TBE opera, en cambio, mediante el efecto del descubrimiento y de adquisiciones que conducen hacia descubrimientos nuevos, todo en una circularidad ascendente en continua evolución (Nardone y Portelli, 2015). La diferencia más significativa entre la TBE evolucionada[1] y la TCC reside, sin embargo, en el lenguaje terapéutico. En la TCC, la comunicación es de tipo lógico-racional e indicativa (el típico lenguaje de las explicaciones y de la didáctica formal). En la TBE la comunicación es, por el contrario, performativa (Austin, 1962; Loriedo, Nardone y Zeig, 2011) y exhortativa. Se utiliza un lenguaje sugestivo e hipnótico que

1 El modelo de Terapia Breve Estratégica evolucionada se origina, a partir de la década de 1980, con la colaboración de Paul Watzlawick y Giorgio Nardone, la cual llevó a la formalización de protocolos de tratamiento específicos para las diferentes formas de psicopatología.

hace al sujeto sentir antes incluso de hacerle entender. A tal efecto se emplea el lenguaje lógico-digital (descriptivo) y también el analógico (como, por ejemplo, las metáforas), así como la comunicación verbal y no verbal hipnótica (Nardone y Portelli, 2015). Por último, la modalidad autocorrectiva del enfoque de investigación-intervención (Lewin, 1946) que la TBE utiliza ha hecho de esta la *best practice* en términos de eficacia y eficiencia: el 80 por ciento de los pacientes consigue que el trastorno desaparezca en una media de diez sesiones (Nardone y Portelli, 2015).

La TBE, ¿es solo estrategia?

Los pilares de la TBE son la estrategia, el lenguaje y la relación; es el esmero con el que esos tres aspectos se cuidan lo que confiere a este enfoque su eficacia y su eficiencia (Nardone y Portelli, 2015). Eso ocurre en dos momentos cruciales: durante la sesión –mediante el diálogo terapéutico–[2] y entre una sesión y otra, esto es, cuando el paciente está aplicando las prescripciones[3] encaminadas a cambiar las dinámicas disfuncionales que se han instaurado entre él y su propia persona, entre él y los demás, y entre él y el mundo (Nardone y Watzlawick, 2005).

Considerando la fuerte resistencia al cambio que es típica de las adicciones, surge claramente la necesidad de recurrir a formas de comunicación terapéuticas sugestivas y suasorias, capaces de subvertir la aparente falta de lógica de las problemáticas que hay que combatir (Nardone y Balbi, 2018).

2 Durante la conversación clínica, a través del diálogo estratégico se reestructura la percepción de la realidad utilizando técnicas específicas de comunicación.

3 Directrices que han de ponerse en la práctica en la vida real.

Los más de treinta años de investigación-intervención han permitido afinar una serie de estrategias focalizadas al tratamiento de distintos trastornos entre los que se encuentran las adicciones, ya sean las que se asientan en una compulsión basada en el placer (sustancias, adicciones a internet, apuestas, compras compulsivas, cibersexo, etcétera), o las que vienen dadas por una búsqueda de control (intervenciones estéticas, cibercondría, sobrecarga informativa, adicciones a las relaciones virtuales o no virtuales), o bien las adicciones que se complican por la copresencia de otros trastornos (comorbilidad) o de otras adicciones, las llamadas *poliadicciones*.

Más allá de qué formas revistan, las adicciones se caracterizan por una alta resistencia al cambio; de ahí que para afrontarlas no basten ni la mera toma de conciencia, ni la voluntad. Será la Experiencia Emocional Correctiva (Alexander, 1946), creada por el conjunto estratégico que conforman un *lenguaje* y una *relación* oportunamente seleccionados, pero aparentemente casuales, lo que hará que el individuo se sienta más fuerte, más capaz y más consciente de su cambio.

Alta resistencia al cambio

Nuestra experiencia sobre el terreno nos enseña que el adicto tiende a rechazar cualquier forma de terapia porque ignora –o no quiere ver– en sus términos globales la problematicidad que da lugar a su estado, y solo en última instancia se da cuenta de que ha perdido el control. Aun así, difícilmente pedirá ayuda si percibe algún tipo de ventaja en la situación de adicción, por muy complicada y peligrosa que esta pueda parecer objetivamente a los demás. Y, si lo hace, hay que tener mucho cuidado de que no sea para conseguir más ventajas. En la mayor parte de los casos, la persona que tiene una adicción no llega a la consulta ella sola, sino que viene acompañada de sus familiares, que son los que más sufren los efectos negativos y las consecuencias de los comportamientos del adicto, que está mal solamente cuando siente la abstinencia. Por eso la intervención indirecta con los familiares se convierte en la primera opción, porque, tratándose de las principales víctimas, son también quienes más motivados están.

En la terapia indirecta podemos encontrarnos con familiares que estén en condiciones de colaborar y cuenten con los recursos necesarios. Lo único que hay que hacer en tales casos es equiparlos debidamente para que puedan gestionar y acompañar a quien tiene la adicción hasta que la termine abandonando. Cuando nos encontramos, en cambio, con un sistema que, incluso queriendo colaborar, es incapaz de hacerlo al estar bloqueado por rígidas creencias, por intensas emociones y/o por falta de recursos, entonces lo primero que hay que hacer es llenar las lagunas, y luego proporcionar las herramientas para gestionar la situación.

En la peor de las hipótesis posibles, la intervención tendrá por objetivo encontrar una solución más soportable que la que se está viviendo (Papantuono, 2007).

Los intentos de solución de los familiares y sus efectos

Oscar Wilde decía que, «con las mejores intenciones, se provocan las peores consecuencias». Es muy habitual, en efecto, que las intervenciones o los intentos de solución de los familiares mantengan y/o empeoren el problema (Nardone y Watzlawick, 2005). Entre las soluciones intentadas fallidas más frecuentes de los familiares de personas adictas se encuentran las siguientes (Nardone, 2012; Papantuono y Portelli, 2008):

• Tratar de disuadir al sujeto de incurrir en determinados comportamientos irracionales mediante explicaciones racionales;

• bloquear, prohibir, puntualizar, reprochar, amenazar y castigar.

• Aumentar la atención que se presta al asunto hablando de este continuamente, hasta convertir el problema en el único tema de conversación importante.

• O bien, al contrario, ignorar, justificar o quitar hierro a los hechos.

• Tener comportamientos intermitentes: disimular primero y, luego, alarmarse.

Tales intentos generan los siguientes efectos contraproducentes:

• *Efecto fruta prohibida.* La prohibición y el intento de bloquear el comportamiento indeseado terminan aumentando el deseo de transgresión y, por tanto, la búsqueda del comportamiento prohibido.

• *Complicidad patológica.* Facilitando los medios al adicto por temor a males aún mayores, se impide al sujeto experimentar todos los efectos negativos que la adicción comporta; de ahí que aumenten las probabilidades de repetir los mismos errores.

• *Efecto «echar un pulso».* La relación simétrica entre el adicto y el otro se aprovecha como coartada para justificar y reiterar el comportamiento indeseado («En casa no hay paz; solo cuando uso [equis] estoy bien»).

• *Autoengaños disfuncionales.* Son explicaciones que se intentan dar del comportamiento irracional de la persona querida («Está pasando un momento difícil», «Lo hacen todos», «No lo hace siempre», «Son los otros los que [equis]»). No queriendo ver la adicción, esta crece y la situación se complica.

- *Ventajas secundarias.* Surgen cuando las intervenciones de los familiares –atenciones, castigos, premios, controles, exención de responsabilidad, manipulación, etcétera– no contribuyen a la disminución del comportamiento indeseado, sino a su reiteración.

Tratamientos indirectos

Son la alta resistencia al cambio por parte de la persona adicta, y también los efectos producidos por los intentos de solución del sistema circundante, lo que indica que conviene optar por un *tratamiento indirecto* que, en cierto sentido, sigue esa estratagema china de «salir después para llegar antes».

Siguiendo la pauta de la investigación sobre los modelos de familia efectuada en el Centro de Terapia Estratégica (Nardone, Giannotti y Rocchi, 2003), dichos modelos se han agrupado y distinguido en *actitudes hiperresponsabilizadas* y *actitudes desresponsabilizadas* (Papantuono, Portelli, 2008). En las primeras tenemos los estilos hiperprotectores, sacrificados y democrático-permisivos. En el extremo de los desresponsabilizados están, en cambio, los que delegan y los autoritarios. Entre ambos polos tenemos, por último, a quienes muestran una *actitud intermitente,* oscilante entre ambas categorías opuestas.

A través del instrumento del *diálogo estratégico* se va guiando a los miembros de las familias hiperresponsabilizadas para que reconozcan e interrumpan *la ayuda que no es de ayuda.* Luego se les enseña a gestionar la situación y a responsabilizar a la persona adicta. Por ejemplo, el progenitor hiperresponsabilizado aprenderá la importancia de los noes y de los límites, descubrirá que debe evitar sustituir a su hijo si quiere hacerlo más capaz y menos menesteroso, y tendrá que *sacrificar sus sacrificios* para evitar infundirle sentimientos de culpa y presiones que lo empujen hacia mundos más ligeros.

A los familiares desresponsabilizados, por el contrario, habrá que guiarlos sobre todo hacia el reconocimiento del carácter único del papel que les corresponde, al reconocimiento de su propio carácter insustituible. Tras ello habrá que responsabilizarlos y dotarlos de instrumentos para hacerse con el control de la situación. Nadie ni nada (cuidadoras, abuelos, *smartphone,* televisión, etcétera) pueden ocupar el puesto del progenitor.

Por último, a los *intermitentes* habrá que guiarlos hacia la comprensión de la importancia que tiene mantener la postura elegida durante el tiempo suficiente para comprobar los efectos de lo realizado, ya que solo así es posible sacar luego las debidas conclusiones.

Tratamientos directos

Con la eliminación de las ventajas secundarias, pasa a ser la persona que sufre en carne propia la adicción quien busca ayuda. Pero también en estos casos conviene moverse con cautela para evitar que la petición de ayuda sea (o se convierta en) un acto de manipulación. Más vale *salir después para llegar antes...*

Hay que determinar, lo primero de todo, si nos hallamos ante una perversión o compulsión basada en el placer, o bien si la adicción que nos ocupa es la evolución de un mecanismo obsesivo-compulsivo encaminado a controlar el miedo, el dolor o la rabia.

¿Cómo se puede intervenir en las distintas circunstancias?

En el primer caso, si descubrimos cuál es el aspecto agradable, sabremos qué es lo que está manteniendo la adicción. Así resultará más sencillo identificar las palancas con que revertir ese placer hasta convertirlo en tortura. Si *prescribimos al paciente precisamente el placer al que es adicto,* este se transformará en una experiencia obligatoria y desagradable, lo que generará aversión hacia el objeto de deseo. Reduciendo el placer, se reducen los comportamientos compulsivos y el sujeto adquiere, por tanto, un mayor control y más confianza en sí mismo, en sus capacidades, en el terapeuta y en la terapia.

En los casos de adicciones que se estructuran sobre intentos de mantener a raya miedos, rabias y/o dolores, es la búsqueda del control lo que termina haciendo que el sujeto lo pierda. Cuando la necesidad de control tiene en su base un miedo –por ejemplo, si la persona entra en internet para informarse sobre un síntoma que le ha aparecido en el cuerpo–, resulta que hay mucha información disponible en la que puede haber discrepancias o contradicciones, de manera que el miedo aumenta. O, por señalar otro caso, si alguien entra en Facebook para mirar qué hace su pareja, cualquier cosa que descubra puede suscitarle recelos y dudas adicionales. Si, por el contrario, se intenta acallar el dolor o la rabia que ha provocado un abandono, una pérdida..., entonces el remedio –la autolesión, el consumo de sustancias, el juego, etcétera– no solo no alivia, sino que proporciona un placer que hace empeorar. Las respuestas alimentan la duda; el miedo crece al evitar afrontarlo; el dolor aumenta si no se lo atraviesa; la rabia enfurece si no se la canaliza.

En tales circunstancias, trabajamos, antes que nada, sobre lo que se controla, evita, ignora o reprime. Luego, prescribimos al sujeto que la conducta compulsiva que creó la adicción se realice en determinados momentos y de formas establecidas. Al realizar la conducta de una forma distinta de la habitual, la persona adicta descubre que todavía puede ejercer cierto control sobre la compulsión y retoma las riendas de su vida.

Las cuatro fases de la Terapia Breve Estratégica

Para evitar recaídas, resulta fundamental que el proceso terapéutico se desarrolle según sus cuatro fases, que llevan a la persona a ser la artífice y la dueña del cambio (Nardone y Portelli, 2005). Dichas fases son:

1. La *fase del diagnóstico y de la captura del paciente,* necesaria para construir una colaboración y entender juntos cómo funcionan el problema y el mecanismo viciado que lo mantiene.
2. La *fase del desbloqueo,* durante la que se crea una experiencia emocional correctiva (cambio de primer orden) que proporciona un control inicial sobre el problema.
3. La *fase de la consolidación* permite el tránsito desde el cambio de primer orden hasta el segundo orden (completo, radical y permanente).
4. La *fase de cierre y seguimiento.* Se le reconocen los méritos del cambio al paciente, quien también aprende cómo proceder de manera funcional.

El paciente, además de retomar el control sobre la adicción, retoma el control sobre su vida. El cambio se produce a nivel reactivo (conductual) y perceptivo (de uno mismo, de los demás y del mundo). La terapia termina cuando el cambio es radical: se elimina el riesgo de recaer en la maraña de las adicciones, aprendiendo a usar sin abusar. Como decía Epicteto: «Nadie es libre si no es dueño de sí mismo».

RESUMIENDO

→ Las intervenciones *eficaces y eficientes* no pueden limitarse, en casos de adicciones, a la mera toma de conciencia.

→ La *Terapia Breve Estratégica* (TBE) representa una suerte de *revolución copernicana* en el campo de la psicoterapia: estudia cómo funciona un sistema para hacerlo funcionar mejor.

→ Es frecuente que se establezca una asociación errónea entre la TBE y la TCC. Hay semejanzas entre ambas, pero también diferencias significativas.

→ La TBE no se basa solamente en las técnicas. Es una sinergia de *estrategia, lenguaje* y *relación*.

→ La TBE hace que la *alta resistencia al cambio,* que a menudo es el caso en las adicciones, deje de ser un obstáculo y pase a ser una palanca transformadora.

→ Según la TBE, las *soluciones intentadas fallidas* que se realizan queriendo resolver el problema lo que hacen es mantenerlo y empeorarlo.

→ Dada la reticencia del sujeto adicto, se prefiere *intervenir de manera indirecta* trabajando con los familiares, quienes a menudo se ven muy perjudicados por la adicción, y/o en muchas ocasiones son, *con la mejor intención del mundo,* cómplices del problema.

→ Cuando se trabaja directamente con la persona adicta, es importante determinar si la dependencia es una *perversión* o una *compulsión basada en el placer,* o si es la evolución de un *mecanismo obsesivo-compulsivo* encaminado a tener el control.

→ Para evitar recaídas, es fundamental seguir las *cuatro fases de la terapia,* que llevan a la persona a ser la artífice y la dueña del cambio.

CONCLUSIÓN

La diferencia entre la tecnología y la esclavitud es que los esclavos son plenamente conscientes del hecho de que no son libres.
NASSIM NICHOLAS TALEB

El estudioso de la tecnología de la arquitectura Giorgio Ceragioli[1] advertía, ya en la década de 1980, del abuso y consiguiente dependencia de la tecnología. Ceragioli nos instaba a no tener miedo y evitar prescindir de la tecnología, porque eso iría en nuestro detrimento. Pero exhortaba a retomar el control y a no instalarse demasiado en las comodidades que la tecnología conlleva.

Nosotros pensamos, en la línea de Ceragioli, que la tecnología, por sí sola, no puede ni liberar, ni esclavizar. Tendría que ser una herramienta de la cual servirnos para llegar a la meta, y no un obstáculo. Resulta, sin embargo, que, atrapados en el frenesí de la vida moderna, en la avidez, en las certezas, en las expectativas, en las exigencias del mercado y de la sociedad, la alienación podría hacernos perder de vista el objetivo final: vivir serenamente con nosotros mismos, con los demás y con el mundo.

1 G. Ceragioli, «L'uomo e la città», *Progetto* 3 (1982).

Nos construimos autoengaños disfuncionales para justificar determinadas acciones que nos generan la ilusión de que *estamos bien...*, pero que en realidad nos atrapan. Diríase que preferimos taparnos los oídos y cerrar los ojos, con tal de seguir regodeándonos en la ilusión de control. Como decía Lenin,

> un esclavo que no es consciente de que es un esclavo y que no hace nada por liberarse, verdaderamente es un esclavo. Pero un esclavo que es consciente de que es un esclavo y que lucha por liberarse, ya no es un esclavo, sino un hombre libre.

Para vencer las adicciones, la mera toma de conciencia no basta: hace falta reaccionar y lanzar un ataque contra el aura de fascinación, que a menudo ha creado quien se beneficia de las adicciones. Como decía Marie von Ebner, «los esclavos felices son los enemigos más encarnizados de la libertad».

Atacar las adicciones utilizando una estrategia que aprovecha la paradoja permite convertir en arma lo que suele considerarse un obstáculo. Se crea una palanca transformadora con la que subvertir los autoengaños de manera que contribuyan al objetivo terapéutico. A semejanza del barón de Münchhausen[2] –tantas veces citado por Watzlawick–, que se salvó a sí mismo *in extremis* de las arenas movedizas sacándose de ellas al tirar de su coleta, del mismo modo la persona puede, con sus propias fuerzas, hacerse con el control de sus obsesiones y de sus compulsiones y, en general, de toda su vida.

2 Se cuenta que, yendo el barón de Münchhausen a lomos de su caballo, a punto estaba de hundirse en una ciénaga... y «ciertamente allí tendría que haber muerto si la fuerza de mi brazo, aferrándome por la coleta, no me hubiera sacado del cieno junto con mi caballo, que apretaba yo fuerte con las rodillas».

El cambio –la liberación de ese estado de esclavitud que se crean quienes terminan en la adicción– es posible si se interviene de manera eficaz. En tales casos hace falta crear experiencias perceptivas que permitan ver con nuevos ojos, que enseñen a reaccionar de manera distinta desde el punto de vista tanto comportamental, como emocional.

Como el lector habrá tenido ocasión de comprobar con los casos que anteceden, la Terapia Breve Estratégica consigue en tiempos breves –utilizando refinadas formas de sugestión, estratagemas, ardides comportamentales y autoengaños benéficos– unos resultados que se dirían mágicos, o, mejor dicho, unos resultados eficaces y eficientes que son fruto de más de veinticinco años de investigación-intervención. Como decía Arthur Clark, al fin y al cabo «cualquier tecnología lo bastante avanzada resulta indistinguible de la magia».

Yendo más allá de la mera toma de conciencia, el terapeuta estratégico crea experiencias emocionales correctivas que proporcionan a la persona adicta percepciones y reacciones alternativas, haciéndole sentir, por fin, que tiene el control sobre aquello que construye y luego vive.

BIBLIOGRAFÍA

1. El hombre actual, esclavo de sus adicciones

Antonelli, C., *Etica: pane quotidiano. Concetti chiave e linee guida di sviluppo dei comportamenti etici nella professione,* Milán, Franco Angeli, 2015.

Bateson, G., «Cybernetic explanation», *American Behavioral Scientist* 10 (1972), pp. 29-32.

Baudelaire, Ch. [1860], *Los paraísos artificiales,* Madrid, Valdemar, 2013.

Di Jing Lian, «Una vita di comodità è peggio di un bicchiere di vino avvelenato» (colgado en 2009 en http://it.clearharmony.net/articles/a10061-Una-vita-di-comodita-e-peggio-di-un-bicchiere-di-vino-avvelenato.html).

Dostoievski, F. M. [1869], *El idiota,* Barcelona, Alba, 2020.

Dusi, E., «Sesso, droga e videogiochi e il cervello diventa schiavo», *la Repubblica,* 1 de septiembre de 2007, p. 20.

Milanese, R. y Mordazzi P. [2007], *'Coaching' estratégico. Cómo transformar los límites en recursos,* Barcelona, Herder, 2011.

Nardone, G. [1998], *Psicosoluciones cómo resolver rápidamente problemas humanos complicados,* Barcelona, Herder, 2004.

— [2003], *No hay noche que no vea el día. La terapia breve para los ataques de pánico,* Barcelona, Herder, 2008.

— y De Santis, G. [2011], *Pienso, luego sufro. Cuando pensar demasiado hace daño,* Barcelona, Paidós, 2012.
—; Rocchi, R. y Giannotti, E. [2001], *Modelos de familia. Conocer y resolver los problemas entre padres e hijos,* Barcelona, Herder, 2003.
— y Watzlawick, P. [1990], *El arte del cambio. Trastornos fóbicos y obsesivos,* Barcelona, Herder, 2007.
Nietzsche, F. [1878], *Humano, demasiado humano. Un libro para espíritus libres,* Madrid, Tecnos, 2 vols., 2019-2022.
Raimondi, F. P., «Monografia introduttiva», en G. C. Vanini, *Tutte le opere,* ed. de F. P. Raimondi y M. Carparelli, Milán, Bompiani, 2010.
Rigliano, P., *Piaceri drogati. Psicologia del consumo di droghe,* Milán, Feltrinelli, 2004.
Schopenhauer, A., *Parerga y paralipómena,* Madrid, Trotta, 2 vols., 2006-2009.
Trivers, R. [2011], *La insensatez de los necios. La lógica del engaño y el autoengaño en la vida humana,* Madrid / Buenos Aires, Clave Intelectual / Katz, 2013.
Von Foerster, H., «Kybernetik einer Erkenntnistheorie», en W. D. Keidel, W. Handler y M. Spring (eds.), *Kybernetik und bio-nik,* Múnich / Viena, Oldenburg, 1974, pp. 27-46.
Watzlawick, P. [1981], *La realidad inventada. ¿Cómo sabemos lo que creemos saber?*, Barcelona, Gedisa, 2005.
—, *Guardarsi dentro rende ciechi,* ed. de G. Nardone y W. A. Ray, Milán, Ponte alle Grazie, 2007.
Wiener, N., «Time, communications, and the nervous system in Teleological mechanisms», ed. de R. W. Miner en *Annals of the New York Academy of Sciences* 50/4 (1948), pp. 197-219.
Whitehead, A. N. y Russell, B., *Principia mathematica,* Cambridge, Cambridge University Press, 3 vols., 1910-1913.

2. Todo con un clic. La adicción a internet y a los dispositivos móviles

Abachi, H. R. y Mhammad, G., «The impact of m-learning technology on students and educators», *Computers in Human Behavior* 30 (2013), pp. 491-496 (DOI:10.1016/j.chb.2013.06.018).

Alonso-Fernández, F., *Las otras drogas. Alimento, sexo, televisión, compras, juego y trabajo,* Madrid, Temas de Hoy, 1996.

Anderson, M., «Technology Device Ownership: 2015», informe para el Pew Research Center, 29 de octubre de 2015 (www.pewinternet.org/2015/10/29/technology-device-ownership-2015).

Bianchi, A. y Phillips, J. G., «Psychological predictors of mobile phone use», *CyberPsychology & Behavior* 8 (2005), pp. 39-51 (DOI:10.1089/cpb.2005.8.39).

Cagnoni, F. y Nardone, G. [2002], *Perversiones en la red. Las patologías de Internet y su tratamiento,* Barcelona, RBA, 2003.

Cantelmi, T., «I navigatori dell'oceano internet: IAD, MUDmanici e IRCfilici», comunicación presentada en el tercer congreso nacional de la ARFN, celebrado en Roma del 27 al 30 de abril de 1998.

Chou, C., «Internet heavy use and addiction among Taiwanese college students: An online interview study», *CyberPsychology & Behavior* 4 (2001), pp. 573-585 (DOI:10.1089/109493101753235160; DOI:10.1089/109493103321640329).

Fusco, M. P., «*Perfetti sconosciuti,* l'Italia ai tempi degli smartphone», *La Repubblica*, 17 de diciembre de 2015.

Kraut, R.; Patterson, M.; Lundmark, V.; Kiesler, S.; Mukopadhyay, T. y Scherlis, W., «Internet paradox: A social technology that reduces social involvement and psychological well-being», *American Psychologist* 53 (1998), pp. 1017-1031.

Manago, A. M.; Taylor, T. y Greenfield, P. M., «Me and my 400 friends: The anatomy of college students' Facebook networks, their communication patterns, and well-being», *Developmental Psychology* 48 (2012), pp. 369-380 (DOI:10.1037/a0026338).

Morgan, C. y Cotton, S., «The relationship between Internet activities and depressive symptoms in a sample of college freshmen», *CyberPsychology & Behavior* 6 (2003), pp. 133-142.

Nalwa, K. y Anand, A. P., «Internet addiction in students: a cause of concern», *CyberPsychology & Behavior* 6 (6 de diciembre de 2003), pp. 653-656 (DOI: 10.1089/109493103322725441).

Nardone, G. y Balbi, E. [2007], *Surcar el mar a espaldas del cielo. Lecciones sobre el cambio terapéutico y las lógicas no ordinarias,* Barcelona, Herder, 2018.

Takao, M.; Takahashi, S. y Kitamura, M., «Addictive personality and problematic phone use», *CyberPsychology & Behavior* 12 (2009), pp. 501-507 (DOI:10.1089/cpb.2009.0022).

Young, K. S., «Internet addiction: The emergence of a new clinical disorder», trabajo presentado, con ocasión del 104.° encuentro anual de la American Psychological Association, el 11 de agosto de 1996 en Toronto, Canadá (http://chabad4israel.org/tznius4israel/newdisorder.pdf).

3. Relaciones virtuales y adicción al cibersexo

Arena, L.V., *Il sogno della farfalla: incursioni nel non pensiero,* Bolonia, Pendragon, 2003.

Cosmi, V.; Pierleoni, L.; Simonelli, C. y Fabrizi A., «Cybersex: nuove forme di dipendenza sessuale», *Rivista di sessuologia clinica* xvi-2009/1 (2009).

Jonze, S., *Her* (película), eeuu, Annapurna Pictures, 2013.

LENHART, A., «Teens and sexting», *Pew Internet & American Life Project,* 15 de diciembre de 2009.

WILDE, O., *Aforismos*, Sevilla, Renacimiento, 2019.

4. LA AUTOLESIÓN

BUJATTI, M. y RIEDERER, P., «Serotonin, noradrenaline, and dopamine metabolites in the trascendental meditation technique», *Journal of neural transmission* 39 (1976), pp. 257-267.

DAINE, K.; HAWTON, K.; SINGARAVELU, V.; STEWART, A.; SIMKIN, S. y MONTGOMERY, P., «The power of the web: a systematic review of studies of the influence of the internet on self-harm and suicide in young people», *PLoS One* 8 (2013), e77555.

GARDNER, E. J., *The turbulent teens, understanding, helping, surviving,* San Diego, Oak Tree Publications, 1982.

GROSSMAN, R. y SIEVER, L., «Impulsive self-injurious behaviors: Phenomenology, neurobiology and treatment», en D. Simeon y E. Hollander (eds.), *Self-injurious behaviors: assessment and treatment,* Washington D. C., American Psychiatric Association, 2001.

KLONSKY, E. D. y MAY, A., «The relationship between nonsuicidal self-injury and attempted suicide in three samples», ponencia presentada en el encuentro anual de la American Association of Suicidology celebrado en Orlando (Florida) en 2010.

LABORIT, H., *Elogio della fuga,* Milán, Mondadori, 1982.

LIBERAZON, I. *et al.*, «Motivational properties of oxytocin in the conditioned place preference paradigm», *Neuropsychopharmacology* 17 (1997), pp. 353-359.

NARDONE, G.; GIANNOTTI, E. y ROCCHI, R. [2001], *Modelli di famiglia,* Milán, TEA, 2010, p. 105 [vers. cast.: *Modelos de fami-*

lia. Conocer y resolver los problemas entre padres e hijos, Barcelona, Herder, 2003].
— y Selekman, M. D. [2011], *Hartarse, vomitar, torturarse. La terapia en tiempo breve,* Barcelona, Herder, 2013.
Nixon, M. K. y Heath, N. L., *Self-injury in youth: The essential guide to assessment and intervention,* Nueva York, Routledge, 2009.
Nock, M. K., «Self-injury», *Clinical Psychology* 6 (2010), pp. 339-363.
Papantuono, M., *Incidente o suicidio? Studio del fenomeno suicidario in adolescenza,* Urbino, Università di Urbino, 1999.
Shneidman, E. S., *Suicide as a psychache,* Nueva York, Wiley, 1993.
Walsh, B., *Treating self-injury. A practical guide,* Nueva York, Guilford Press, 2005.

5. Videojuegos en línea

American Psychiatric Association y National Institute of Mental Health, *DSM-5-TR®. Manual diagnóstico y estadístico de los trastornos mentales*, reed. en Madrid, Editorial Médica Panamericana, 2024.
Bandler, R. [1992], *PNL, la magia en acción. Un libro de trabajo para estudiantes de programación neurolingüística,* Málaga, Sirio, 2015.
Bartholow, B., «Violent Video Games Reduce Brain Response to Violence and Increase Aggressive Behavior», *News Bureau,* 25 de mayo de 2011 (Missouri University, munewsbureau@missouri.edu, 573-882-6211).
Bartle, R., «Hearts, Clubs, Diamonds, Spades: Players Who Suit MUDs», *Journal of MUD Research* 1/1 (1996).
Birbaumer, N.; Veit, R.; Lotze, M.; Erb, M.; Hermann, C.; Grodd, W. y Flor, H., «Deficient fear conditioning in

psychopathy», *Archives General Psychiatry* 62 (2005), pp. 799-805.

DUGGAN, M., «5 facts about on-line harassment», colgado en la web del Pew Research Center en 2014 (http://www.pewresearch.org/fact-tank/2014/10/30/5-facts-about-on-line-harassment).

GRÜSSER, S. M.; THALEMANN, R. y GRIFFITHS, M., «Excessive computer game playing: evidence for addiction and aggression?», *CyberPsychology & Behavior* 10/2 (2007), pp. 290-292.

WOOD, R. T. y WILLIAMS, R. J., «Problem gambling on the internet», *New Media & Society*, junio de 2007 (9), pp. 520-542.

YEE, N., *The Proteus Paradox: How on-line Games and Virtual Worlds Change Us and How They Don't,* New Haven, Yale University Press, 2015.

6. «SI YO FUERA RICO...», ¡PERO YA!

CAGNONI, F. y NARDONE, G. [2002], *Perversiones en la red. Las patologías de Internet y su tratamiento,* Barcelona, RBA, 2003.

GUERRESCHI, C., *New Addictions. Le nuove dipendenze,* Cinisello Balsamo, San Paolo, 2005.

HORVÁTH, C. y PAAP, R., «The Effect of Recessions on Gambling Expenditures», *Journal of Gambling Studies* 28 (2012), pp. 703-717.

KRAEPELIN, E., *Psychiatrie,* Leipzig, J. A. Barth, [8]1915, p. 409.

LE BON, G. [1923], *Incertidumbres de nuestros días. Reflexiones sobre la política, las guerras, las alianzas,* Madrid, J. Pueyo, 1926.

MIKESELL, J. L., «State lottery sales and economic activity», *National Tax Journal* 47/1 (1994), pp. 165-171.

NARDONE, G.; VERBITZ, T. y MILANESE, R. [1999], *Las prisiones de la comida. 'Vomiting', anorexia, bulimia. La terapia breve*, Barcelona, Herder, 2002.

ÓLASON, D.T.; HAYER, T.; BROSOWSKI, T. y MEYER, G., «Gambling in the mist of economic crisis: Results from three national prevalence studies from Iceland», *Journal of Gambling Studies* 31 (2015), pp. 759-774.

7. HACE FALTA UN FÍSICO BESTIAL

COCKERILL, I. M., *Solutions in Sport Psychology,* Londres, Thomson Learning, 2002.

EISENBERG, M. E.; WALL, M. y NEUMARK-SZTAINER, D., «Muscle-enhancing Behaviors Among Adolescent Girls and Boys», *Pediatrics* 130/6 (diciembre de 2012).

ELLIS, H. H. [1922], *Little Essays of Love and Virtue,* Wokingham, Dodo Press, 2007.

KLEIN, D. A.; BENNETT, A.S.; SCHEBENDACH, J.; FOLTIN, R. W.; DEVLIN, M. J. y WALSH, T. B., «Exercise "Addiction" in Anorexia Nervosa: Model Development and Pilot Data», *CNS Spectrums* 9/7 (julio de 2004), p. 531.

LIPOVETSKY, G. [1987], *El imperio de lo efímero. La moda y su destino en las sociedades modernas*, Barcelona, Anagrama, 2004.

MORRESI, R., *La profondità del superficiale,* Ancona, Progetti Editoriali, 2009.

NARDONE, G. [2007], *La dieta de la paradoja. Cómo superar las barreras psicológicas que te impiden adelgazar y estar en forma,* Barcelona, Paidós, 2009.

—; VERBITZ, T. y MILANESE, R. [1999], *Las prisiones de la comida. 'Vomiting', anorexia, bulimia. La terapia breve,* Barcelona, Herder, 2002.

Pope, H.; Phillips, K. A. y Olivardia, R., *The Adonis complex: The secret crisis of male body obsession,* Nueva York, Simon and Schuster, 2000.

Wilde, O., *Aforismos*, Sevilla, Renacimiento, 2019.

8. Adicción a la sobrecarga informativa y cibercondría

Brioschi, F., «Wikipedia: una rivoluzione silenziosa che sta cambiando la realtà», en E. Laszlo y P. M. Biava (eds.), *Il senso ritrovato,* Milán, Springer, 2013, p. 141.

Carr, N., *¿Internet nos hace estúpidos?*, Madrid, Movimiento Cultural Cristiano, 2016.

Caretti, V., «Psicodinamica dissociativa da videoterminale», en Cantelmi, T.; Del Miglio, C.; Talli, M. y D'Andrea, A., *La mente in internet. Psicopatologia delle condotte on-line,* Padua, Piccin, 2000.

Chamorro-Premuzic, T., «How the web distorts reality and impairs our judgement skills», *The Guardian,* 15 de junio de 2016.

Evaristo, R.; Adams, C. y Curley, S., «Information load revisited: A theoretical model», en *Proceedings of the 16th Annual International Conference on Information Systems,* Ámsterdam, 1995, pp. 197-206.

Griffiths, M. D., *Glued to the screen: An investigation into information addiction in the UK and worldwide,* Londres, Reuters, 1997.

Hiltz, S. R. y Turoff, M., «Structuring computer mediated communications to avoid information overload», *Communications of the ACM* 28/7 (1985), pp. 680-689.

Kirn, W., «Let's Not Overanalyze This. Mind / Body Viewpoint», *Time,* 20 de enero de 2003.

Lewis, M. y Miller, S. (eds.), *Handbook of developmental psychopathology,* Nueva York, Plenum, 1990.

NARDONE, G. y BALBI, E. [2007], *Surcar el mar a espaldas del cielo. Lecciones sobre el cambio terapéutico y las lógicas no ordinarias,* Barcelona, Herder, 2018.

— y PORTELLI, C., *Conocer a través del cambio. La evolución de la terapia breve estratégica,* Barcelona, Herder, 2006.

ROGERS, P.; PURYEAR, R. y ROOT, J., *Infobesity. The enemy of good decisions,* Boston, Bain & Company, 2013.

SPEIER, C.; VALACICH, J. y VESSEY, I., «The Influence of Task Interruption on Individual Decision Making: An Information Overload Perspective», *Decision Sciences* 30/2 (marzo de 1999), pp. 337-360.

STALLMAN, R., «The GNU operating system and the free software movement», en C. DiBoma, S. Ockman y M. Stone, *Open sources: Voices from the open source revolution,* Sebastopol (California), O'Reilly & Associates, 1999.

STORM, B. C.; STONE, S. y BENJAMIN, A. S., «Using the Internet to access information inflates future use of the Internet to access other information», *Memory,* 18 de julio de 2016, 1, pp. 1-7.

YOUNG, K.; PISTNER, M. y O'MARA, J., «Cyber-Disorders: The Mental Health Concern for the Millennium», *CyberPsychology & Behavior* 3/5 (2000), pp. 475-479.

9. EL TRABAJÓLICO EN LA ERA DE LA TECNOLOGÍA DIGITAL

ALBRECHT, U.; KIRSCHNER, E. y GRUSSER, M., «Diagnostic instruments for behavioural addiction: An overview», *Psycho-Social Medicine* 4/11 (2007), pp. 1-11.

ALEXANDER-STAMATIOS, G. A. y COOPER, C. L. (eds.), *Research Companion to Organizational Health Psychology,* Cheltenam (Reino Unido) / Northampton (Massachusetts), E. Elgar, 2005.

Andreassen, C. S.; Hetland, J. y Pallesen, S., «The relationship between workaholism, basic needs satisfaction at work and personality», *European Journal of Personality* 24 (2010), pp. 3-17.

Gallino, G., *Finanzcapitalismo,* Turín, Einaudi, 2011, p. 143.

Gosetti, G., «Dalla qualità del lavoro alla qualità della vita lavorativa: persistenze e innovazione nel profilo teorico e nelle modalità di analisi», *Sociologia del lavoro* 127 (2012), Milán, Franco Angeli, p. 29.

Griffiths, M., «Behavioural addiction: an issue for everybody?», *Journal of Workplace Learning* 8/3 (1996), pp. 19-25 (DOI:10.1108/13665629610116872).

—, «Workaholism is still a useful construct», *Addiction Research and Theory* 13/2 (2005), pp. 97-100 (DOI:10.1080/16066350500057290).

—, «Workaholism: A 21st century addiction», *The Psychologist. Bulletin of the British Psychological Society* 24 (2011), pp. 740-744.

Mazzetti, G.; Schaufeli, W. B. y Guglielmi, D., «Are workaholics born or made? Relation of workaholism with person characteristics and overwork climate», *International Journal of Stress Management* 21/3 (2014), pp. 227-254 (http://dx.doi.org/10.1037/a0035700).

Muriana, E. y Verbitz, T. [2010], *Psicopatología de la vida amorosa,* Barcelona, Herder, 2011.

Nardone, G. [2005], *Corrígeme si me equivoco. Estrategias de comunicación para mitigar los conflictos en las relaciones de pareja,* Barcelona, Herder, 2006.

Ng, T. W. H.; Sorensen, K. L. y Feldman, D. C., «Dimensions, antecedents, and consequences of workaholism: a conceptual integration and extension», *Journal of Organizational Behavior* 28 (2007), pp. 111-136 (DOI:10.1002/job.424).

Oates, W., *Confessions of a workaholic: The facts about work addiction,* Nueva York, World, 1971.

Ray, J. J., «A quick measure of achievement motivation: Validated in Australia and reliable in Britain and South Africa», *Australian Psychologist* 14 (1979), pp. 337-344.

Rohrlich, J. B., «The dynamics of work addiction», *Israel Journal of Psychiatry and Related Sciences* 18/2 (1981), pp. 147-156.

Schieman, S., «Job Pressure and ses-contingent Buffering», *Journal of Health and Social Behavior* 56/2 (mayo de 2015). (DOI: 10.1177/0022146515584151).

Snir, R. y Harpaz, I., «Attitudinal and demographic antecedents of workaholism», *Journal of Organizational Change Management* 17 (2004), pp. 520-536 (DOI: 10.1108/09534810410554524).

Sonnentag, S. y Fritz, C., «Work and private life. The relationship between work and walks of life outside work from the perspective of the work psychology», en Kleinbeck y Schmidt (eds.), *Encyclopedia of psychology,* 2010, pp. 669-704.

Spence, J. y Robbins, A., «Workaholism: Definition, measurement and preliminary results», *Journal of Personality Assessment* 58 (1992), pp. 160-178 (DOI:10.1207/s15327752jpa5801_15).

Wilde, O., *Aforismos,* Sevilla, Renacimiento, 2019.

10. Las nuevas drogas. Jugar con las sustancias

World Health Organization, *WHO Technical Report Series*, 1969, 407.

Bassi, M.; Calamo-Specchia, F.; Faggiano, F.; Nicelli, A. L.; Ricciardi, W.; Signorelli, C.; Siliquini, R. y Valsecchi, M., *Rapporto prevenzione 2015. Nuovi strumenti per una prevenzione efficace,* Milán, Franco Angeli, 2016.

Iannaccone, S., «Sigaretta elettronica vs tradizionale, gli effetti sono davvero gli stessi?», *Wired*, 22 de diciembre de 2015.

PRIMACK, B. A.; SONEJI, S.; STOOLMILLER, M.; FINE, M. J. y SARGENT, J. D., «Progression to Traditional Cigarette Smoking After Electronic Cigarette Use Among US Adolescents and Young Adults», *JAMA Pediatrics* 169/11 (2015), pp. 1018-1023 (DOI:10.1001/jamapediatrics.2015.1742).

WATZLAWICK, P.; WEAKLAND, R. y FISCH, J. H [1974], *Cambio. Formación y solución de los problemas humanos,* Barcelona, Herder, 2003.

11. INTERVENCIONES EFICACES Y EFICIENTES. LA TERAPIA BREVE ESTRATÉGICA

ALEXANDER, F. y FRENCH, T. [1946], *Terapéutica psicoanalítica. Principio y aplicación,* Buenos Aires, Paidós, 1956.

AMERICAN PSYCHIATRIC ASSOCIATION, *DSM-5-TR. Manual diagnóstico y estadístico de los trastornos mentales,* reed. Barcelona, Elsevier Masson, 2007.

AUSTIN, J. L. [1962], *Cómo hacer cosas con palabras. Palabras y acciones,* Barcelona, Paidós, 2016.

CLARKE, A. C. [1958], *Perfiles del futuro. Investigación sobre los límites de lo posible,* Barcelona, Luis de Caralt, 1977.

ERICKSON, M. H., *Guarire con l'ipnosi,* ed. de E. L. Rossi, M. O. Ryan y F. A. Sharp, vol. 1, Roma, Astrolabio, 1985.

LEWIN, K., «Action research and minority problems», *Journal of social issues* 2/4 (noviembre de 1946), pp. 34-46.

LORIEDO, C.; ZEIG, J. y NARDONE, G., *TranceForming Ericksonian Methods: 21st Century Visions,* Phoenix, The Milton H. Erickson Foundation Press, 2011.

NARDONE, G. [2012], *Ayudar a los padres a ayudar a los hijos. Problemas y soluciones para el ciclo de la vida,* Barcelona, Herder, 2015.

— [2013], *Psicotrampas. Identifica las trampas psicológicas que te amargan la vida y encuentra las psicosoluciones para vivir mejor,* Barcelona, Paidós, 2014.
— y Balbi, E. [2007], *Surcar el mar a espaldas del cielo. Lecciones sobre el cambio terapéutico y las lógicas no ordinarias,* Barcelona, Herder, 2018.
— y Portelli, C. [2005], *Conocer a través del cambio. La evolución de la terapia breve estratégica,* Barcelona, Herder, 2006.
— [2013], *Obsesiones, compulsiones, manías. Entenderlas y superarlas en tiempo breve,* Barcelona, Herder, 2015.
—, *Cambiare per conoscere*, Milán, TEA, 2015.
—; Rocchi, R. y Giannotti, E. [2001], *Modelos de familia. Conocer y resolver los problemas entre padres e hijos,* Barcelona, Herder, 2003.
— y Salvini, A. [2004], *El diálogo estratégico. Comunicar persuadiendo. Técnicas para conseguir el cambio,* Barcelona, Herder, 2011.
— y Watzlawick, P., *Brief Strategic Therapy,* Nueva Jersey, Aronson, 2005.
— (eds.) [1997], *Terapia breve estratégica. Pasos hacia un cambio de percepción de la realidad,* Barcelona, Paidós, 2014.
Papantuono, M., «Identifying & Exploiting Patients' Resistance», ed. de Chad Hybarger y Eric C. Frank, *Journal of Brief, Strategic, and Systemic Therapies* 1 (2007), pp 17-26.
— y Portelli C., «Dipendenza da cannabis», en B. Skorjanec (ed.), *Come smettere di fumare: strategie per liberarsi in tempo breve dalle dipendenze da fumo,* Milán, Ponte alle Grazie, 2008, pp. 77-91.
—, «Brief Strategic-systemic approach to cannabis addiction: Involving the family system to overcome adolescent cannabis addiction», ed. de Chad Hybarger y Eric C. Frank, *Journal of Brief, Strategic, and Systemic Therapies* 2/1 (abril de 2008), pp. 2-12.

Reda, M. A. y Pilleri, M. F., «Paradigma Cognitivista», en *Dizionario Internazionale di Psicoterapia,* Milán, Garzanti, 2013.
Young, K. S., «Treatment Outcomes with Internet Addicts», *CyberPsychology & Behavior* 10:5 (2007), pp. 671-679.
Watzlawick, P., *La coleta del barón de Münchhausen. Psicoterapia y realidad,* Barcelona, Herder, 1992.
Wilde, O., *Aforismos,* Sevilla, Renacimiento, 2019.